KB139097

왕초보도 때려잡는 영어회화 Basic 2

지은이	이상민
펴낸이	이상민
펴낸곳	(주)매드포스터디

초판 1쇄 발행 2019년 8월 1일

개발참여 매드포북스 LAB
JD Kim
Jodi Lynn Jones

기획/책임편집	이상민
편집디자인	한지은, 이상민
표지/본문디자인	한지은
일러스트	이동윤

매드포스터디

주소	서울시 성동구 성수일로 89, 906호
이메일	publish@m4study.com
연락처	1661-7661
팩스	(02)6280-7661
출판등록	2010년 11월 2일 제 2010-000054호

값 12,000원
ISBN 979-11-967588-2-0 14740
ISBN 979-11-967588-0-6 14740 (세트)

www.m4books.com
매드포스터디 홈페이지를 방문하시면 MP3 자료를 비롯한
유용한 학습 콘텐츠들을 무료로 이용하실 수 있습니다.

▶▶▶
Getting
Started!
▶▶▶

왕초보도 때려잡는 영어회화

Hello~

Basic 2

이상민 지음

!!!

Show'em Who's Boss!

매드포스터디

❝
머리말

선택이냐, 필수이냐의 차이는 있겠지만, 우리나라 대부분의 사람들이 갖고 싶어 하는 최고의 능력 중 하나에는 반드시 "유창한 영어회화 실력"이 포함되지 않을까 싶어요. 적어도 제 주변에서는 "난 영어회화에 관심 없어.", "우리 애들은 영어회화 못해도 돼."라고 말하는 사람은 못 봤거든요. 이렇게 많은 관심에도, 왜 우린 늘 왕초보 수준에서 벗어나지 못하고 "영어회화 정복"을 매년 새해 목표로 삼게 되는 걸까요?

"영어회화"는 "영어로 이야기를 나누는 것"이에요. 즉, 영어회화를 잘하려면 영어로 말을 많이 해야 하죠. 설마, 말하지 않고도 영어회화 실력을 늘릴 수 있는 방법이 있을 거라고 믿는 분이 계시진 않겠죠? 깊이 생각해보지 않아도 너무나도 분명한 이런 사실에도 불구하고, 주위를 둘러보면 가장 소극적인 "시청 활동"만을 요하는 동영상 강좌에 그토록 원하는 "영어회화 실력 향상"을 의존하는 사람들이 너무나 많은 것 같습니다. 아마도, 가장 익숙하면서도 편한 방법이기 때문에 그렇지 않나 싶어요.

동영상 강좌가 전혀 도움이 안 된다는 건 아니에요. 요즘에는 현지의 생생한 표현을 알려주는 재미 있는 동영상 강좌도 많더군요. 제 말은, "시청"에서 끝나면 안 된다는 거예요. 반드시 자기 입으로 직접 연습해야만 자기 실력이 된답니다. 전쟁에 나가려면 총알이 있어야겠죠? 동영상 강좌 시청은 총알을 비축하는 여러 방법 중 하나일 뿐이에요. 책을 통해서도 총알은 비축할 수 있죠. 문제는, 총알 비축만으로는 전쟁에서 승리할 수 없다는 사실이랍니다.

요즘은 동영상 강좌 서비스를 제공하는 교육업체들도 약간의 훈련 툴을 제공하기도 하고, 아예 훈련 툴을 핵심 서비스로 제공하는 업체들도 있지만, 무엇보다도 가장 좋은 회화학습 방법은 원어민 강사가 있는 어학원을 이용하든, 원어민에게 과외를 받든, 원어민 전화/화상영어 서비스를 이용하든, 어떤 식으로든 원어민과 직접 대화를 나누는 것이 아닐까 싶어요.

『왕초보도 때려잡는 영어회화』, 줄여서 『왕때영』은 원어민과 함께 영어회화를 공부하고자 하는 학습자들을 위해 개발했습니다. 사실, 만드는 과정이 그리 순탄치는 않았어요. 패턴영어처럼 어느 정도 고정된 틀이 있는 타 교재들과는 달리, 회화 교재는 주제마다 가르쳐야 할 방법이 달라서 레슨 마다 어떤 식으로 가르쳐야 할지 고민해야 했는데, 참고로 할 만한 시중 교재들이 딱히 없었거든요. 시중 교재 중 국내 출판사들이 만든 것들은 대부분 수업용 교재가 아닌 독학서였고, 해외 원서 교재들은 매일 조금씩 꾸준히 학습해야 하는 국내 학습자들에겐 약간 아쉬운 부분이 있었어요. 제작 과정 중 많은 우여곡절이 있었지만, 어찌 됐건, 영어교육 사업을 시작할 때부터 지금까지 늘 하나쯤 완성하고 싶었던 영어회화 교재를 이제 마무리하게 되니 정말 속 시원하네요. 『왕때영』이 저처럼 "영어회화 실력은 자기 입으로 직접 연습한 시간에 비례한다."라는 생각을 가진 영어회화 학습자들에게도 동일한 속 시원함을 드릴 수 있길 바랍니다.

이 책의 개발을 위해 함께 고생해주신 JD 선생님과 Jodi 선생님께 감사의 말씀 드립니다. 아울러, 늘 곁에서 큰 힘이 되어주는 제 아내와, 오랜 친구이자 든든한 파트너인 이왕태 이사, 그리고 한 분 한 분 다 언급할 순 없어도 늘 응원해주시고 저희를 위해 기도해주시는 모든 분께도 감사의 말씀 전하며, 모든 영광을 하나님께 돌립니다. 감사합니다.

이 상 민

이 책의 특징

**① 지금 왕때영을 잡은 당신은 초보이며,
왕때영은 바로 당신을 위한 책입니다.**

온라인 영어교육 서비스 중 "회화 학습"에 가장 효과적이라고 할 수 있는 전화/화상영어 분야에서 약 15년간 레벨테스트를 제공하며 쌓인 DB를 살펴보면 학습자들 가운데 약 70%는 8단계 레벨 중 2~3레벨에 속합니다. 즉, 좋게 말하면 "초보", 좀 더 심하게 말하면 "왕초보"란 말이죠. 토익 900점, 문법 박사, 듣기 천재, ... 이런 것들은 전혀 필요 없습니다. 그냥 회화 실력만 놓고 보면, 영어회화 때문에 고민하는 대부분의 학습자들은 초보라고 볼 수 있어요. 그런데도 초보 학습자들은 대부분 이 사실을 인정하지 않아요. 분명, 본인의 회화 실력이 낮아서 어떻게든 도움을 구하기 위해 전화/화상영어 서비스를 찾아온 학습자인데도, 레벨테스트 점수가 낮게 나오면 기분 나빠 하고, 회화책 1권은 너무 쉽다며 2~3권부터 시작하곤 하죠. 사실, "회화"라는 것 자체가 어렵지 않아요. 평상시 대화가 어려우면 그게 오히려 이상한 것이겠죠. 수능 영어나 토익에 어느 정도 익숙한 학습자들이 보면 회화책은 아주 쉬운 책에 속합니다. 물론, 이는 "독해"라는 측면에서 그렇단 말이지, 정작 대화 시엔 아주 간단한 문장도 제대로 내뱉지 못하는 분들이 많아요. "회화 학습"에서는 아무리 쉬운 문장도 적시에 자기 입으로 말할 수 없으면 완벽히 학습했다고 볼 수 없답니다. 자, 인정할 건 인정합시다. 『왕때영 (**왕**초보도 **때**려잡는 **영**어회화)』이라고 해서 다른 사람 쳐다보지 마세요. 지금 이 책을 잡은 당신은 초보이며, 이 책은 바로 당신을 위한 책입니다.

**② 업그레이드 편에서는
베이직 편과 동일한 또는 비슷한 주제에 관해
반복/심화 학습할 수 있도록 구성했어요.**

가끔 저는 누군가에게 영어를 가르쳐줄 때 더 많이 알려주고 싶은 욕심에 이것저것 관련된 내용들까지 한꺼번에 가르쳐주곤 해요. 학습자가 어느 정도 실력이 될 때는 재밌어하겠지만, 초보자일 경우엔 그로기 상태에 빠지게 되죠. 사실, 초보자들은 주제별로 쉬운 내용들만 먼저 쭉 배우고, 나머지 심화 내용들은 다시금 복습할 때 다루면 훨씬 더 이해하기 쉬운데, 『왕때영』은 이러한 점을 고려해 베이직 편과 업그레이드 편으로 나누었어요. 베이직 편 140개 레슨과 업그레이드 편 140개 레슨은 서로 같거나 비슷한 주제를 다루고 있으며, 베이직 편에는 초보 학습자들이 이해할 수 있는 내용들을, 업그레이드 편에는 그보다 심화된 내용들을 담았습니다.

**❸ 핵심 부분은 원서 형태를 취하면서도
원서 파트에 대한 번역과 해설,
그리고 팁까지 포함하고 있어요.**

하루에 4~6시간 정도 1:1 원어민 과외를 할 수 있고 온종일 영어로 말할 수 있는 환경에서
회화를 학습할 수 있다면 좋겠지만, 국내 학습자들에겐 꿈같은 이야기겠죠. 국내 환경에서
회화를 학습하려면 매일 꾸준히 하는 것이 제일 중요한 것 같아요. 아쉽게도, 작심하고 해외
어학연수를 떠나지 않는 한 하루 1시간 이상 회화 학습에 꾸준히 투자할 수 있는 사람은 많지
않죠. 학습한 내용을 복습하고 자기 입으로 직접 훈련하는 시간도 있어야 하므로, 원어민과
실제로 학습할 수 있는 시간은 최대 30분 정도에 불과하다고 볼 수 있습니다. 그러려면 내용을
빨리 이해할 수 있도록 어느 정도 떠먹여 주는 부분이 있어야 하는데, 이러한 이유로『왕때영』은
원어민과의 학습을 위해 핵심 부분은 원서 형태를 취하면서도 원서 파트에 대한 번역과 해설,
그리고 팁까지 포함하고 있답니다.

**❹ 상황별 회화를 중심으로,
각 수준에서 소화할 수 있는 어휘 및 유용한 표현,
그리고 문법까지 종합적으로 다루고 있어요.**

『왕때영』은 상황별 회화를 중심으로, 각 수준에서 소화할 수 있는 어휘 및 유용한 표현, 그리고
문법까지 종합적으로 다루고 있어요. 이 책을 가지고 회화 학습을 시작하는 시점에서는 "왕초보"
겠지만, 네 권으로 구성된 이 책의 마지막 장을 덮는 순간에는 어느새 중상급 단계에 올라 있을
거예요. 정말로 회화 실력 향상을 꿈꾼다면, 이 책 저 책 고민하지 말고, 『왕때영』하나만 때려
잡으세요. 『왕때영』만으로도 충분합니다.

자, 이제 시작해볼까요?

이 책의 구성과 활용

Basic 편 (레슨당 2페이지로 구성)

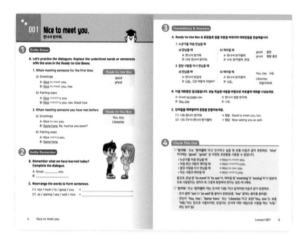

❶ **Gotta Know**
 - 핵심 학습 내용이 담긴 코너

❷ **Gotta Remember**
 - 복습 및 응용 코너

❸ **Translations & Answers**
 - 번역 및 정답 제공 코너

❹ **Check This Out**
 - 해설 및 팁 제공 코너

수업 전 · Translations & Answers 코너와 Check This Out 코너의 내용을 미리 가볍게 읽고 예습합니다. (처음에는 일부 내용이 이해가 안 될 수도 있습니다.)
· 음원(MP3)을 활용해 당일 학습할 내용을 두세 번 가볍게 들어봅니다.
· 익숙지 않은 어휘나 표현들은 따로 정리하여 암기합니다.

수업 중 · 교사의 리드에 따라 Gotta Know 코너(당일 배워야 할 핵심 내용이 담긴 코너)와 Gotta Remember 코너(복습/응용 코너)를 학습합니다.

수업 후 · Translations & Answers 코너와 Check This Out 코너의 내용을 다시 읽으며 당일 학습 내용을 꼼꼼히 복습합니다. (예습 시에는 이해가 안 되었던 내용들이 교사와의 수업 후 이해가 되면서 학습 효과가 배가됩니다.)

· 학습 내용 중 유용한 문장은 따로 정리한 후 거의 암기할 수 있을 때까지 소리 내어 연습합니다. 이때 음원(MP3)을 활용해 "따라 읽기(음원을 먼저 듣고 따라 읽기)" 및 "동시에 말하기(음원을 재생함과 동시에 말하기)" 훈련을 하면 발음/억양/강세 훈련은 물론, 문장 암기 효과까지 기대할 수 있습니다.

Upgrade 편 (레슨당 4페이지로 구성)

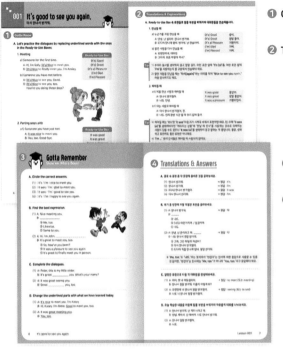

❶ Gotta Know
 - 핵심 학습 내용이 담긴 코너

❷ Translations & Explanations
 - Gotta Know 코너에 대한
  번역, 해설 및 팁(일부 문제에
  대한 정답) 제공 코너

❸ Gotta Remember
 - 복습 및 응용 코너

❹ Translations & Answers
 - Gotta Remember 코너에
  대한 번역 및 정답(일부 문제에
  대한 해설 및 팁) 제공 코너

 수업 전
· 업그레이드 편은 베이직 편에서 다룬 주제와 같거나 또는 비슷한 주제에 대해 반복
 /심화 학습하기 때문에 수업 전 베이직 편을 먼저 복습하면 훨씬 효과적입니다.
 (레슨 번호는 같을 수도 있고 ±1 정도 차이가 있을 수도 있습니다.)

· Translations & Explanations 코너와 Translations & Answers 코너의 내용을
 미리 가볍게 읽고 예습합니다. (처음에는 일부 내용이 이해가 안 될 수도 있습니다.)

· 음원(MP3)을 활용해 당일 학습할 내용을 두세 번 가볍게 들어봅니다.

· 익숙지 않은 어휘나 표현들은 따로 정리하여 암기합니다.

수업 중
· 교사의 리드에 따라 Gotta Know 코너(당일 배워야 할 핵심 내용이 담긴 코너)와
 Gotta Remember 코너(복습 및 응용 코너)를 학습합니다.

수업 후
· Translations & Explanations 코너와 Translations & Answers 코너의 내용을
 다시 읽으며 당일 학습 내용을 꼼꼼히 복습합니다. (예습 시에는 이해가 안 됐던
 내용들이 교사와의 수업 후 이해가 되면서 학습 효과가 배가됩니다.)

· 학습 내용 중 유용한 문장은 따로 정리한 후 거의 암기할 수 있을 때까지 소리 내어
 연습합니다. 이때 음원(MP3)을 활용해 "따라 읽기(음원을 먼저 듣고 따라 읽기)"
 및 "동시에 말하기(음원을 재생함과 동시에 말하기)" 훈련을 하면 발음/억양/강세
 훈련은 물론, 문장 암기 효과까지 기대할 수 있습니다.

회화 잘하는 법

2014년 6월쯤, 어릴 적부터 알고 지낸 한 친한 동생이 갑자기 절 찾아와서는 "형, 회화 실력을 늘릴 수 있는 방법 좀 알려줘."라고 물었습니다. 가르치는 것에서 손 뗀 지 15년 가까이 됐는데도, 아직 내게 이런 상담을 구하는 게 고맙기도 했지만, 한편으로는 답답함이 밀려왔습니다. 그 동생은 오랫동안 어학연수도 받아보고, 학원도 다녀보고, 전화/화상영어도 이용해본 애였거든요. 저는 영어교육학 박사는 아닙니다만, 나름 오랫동안 영어를 공부하면서 많은 고민을 해봤기에 그 애 입장에서 같이 해답을 찾아보려고 노력했습니다.

이야기를 나눠본 결과, 그 애가 정말 단순하면서도 중요한 사실 하나를 놓치고 있다는 것을 알게 됐습니다. 바로 "말하기(Speaking)는 직접 자신의 입으로 말해야만 실력이 는다"는 것이죠. 어찌 보면 너무나 당연한 말이기에, 한 편으로는 맥 빠지는 해답일 수도 있지만, 스스로에게 한번 물어 봅시다. 그걸 알면서 왜 실천하지 못하는지.

인터넷 서핑을 하다가 어떤 분이 이렇게 말씀하시는 걸 봤습니다. "너네가 왜 공부를 못하는 줄 알아? 너흰 공부를 안 해! (그러니까 못하는 거야.)" 와... 이런 걸 팩트 폭력이라고 하더군요. 맞는 말이라서 반박도 하기 힘든... 이것을 회화 버전으로 바꿔서 표현해보겠습니다. "여러분이 왜 회화를 못하는 줄 아세요? 여러분은 영어로 말을 안 해요."

"말하기(Speaking)는 직접 자신의 입으로 말해야만 실력이 는다"

사람들은 어떤 분야가 되었건 영어공부에 있어 소극적이며, 수동적입니다. 토익을 잘하려면 토익학원에 가고, 회화를 잘하려면 어학연수를 가며, 문법을 배우려면 과외를 받습니다. 어떻게 해야 토익을 잘할 수 있고, 회화를 잘할 수 있으며, 문법을 잘 알 수 있는지 고민하기보다, 그런 것들을 가르쳐주는 장소나 사람에 의존하죠. 하지만 정작 학습법 자체를 모르면 그런 장소나 사람을 활용해도 크게 효과를 못 보게 됩니다.

어학연수를 떠났던 한 청년이 있었습니다. 나름 문법에 자신 있었던 그는 어학원에 다닌 지 한 달 만에 회화책 4권을 끝냈습니다. 별로 어려운 내용이 없었던 거죠. 하지만 한 달 후에도 여전히 회화 실력은 "어버버"였습니다. 부끄럽지만 바로 어릴 적 제 경험입니다. "회화"라는 게 어려울까요? 사람들이 평소에 주고받는 말을 "회화"라고 한다면, 그게 어려우면 이상하겠죠. 회화는 쉽습니다. 문법 전문가가 아니더라도 회화책을 그냥 쭉 읽어보면 대부분 이해가 될 정도로 쉽습니다. 제가 한 달 후에도 회화 실력이 늘지 않았던 이유는 회화책을 독해책 공부하듯 공부했기 때문이었습니다. 눈으로 보고 이해만 되면 학습을 끝냈다고 생각하고 진도 빼기 바빴던 것이죠. 사실, 독해책보다 회화책이 내용적인 면에서는 훨씬 쉽습니다.

회화 실력이 늘지 않았던 이유는 회화책을 독해책 공부하듯 공부했기 때문이었습니다.

"독해책 공부와 회화책 공부가 어떻게 다르길래 그러냐?"라고 물으신다면, "천지 차이"라고 답변 드리겠습니다. 언어에 있어 듣기(Listening)와 읽기(Reading)가 정보를 받아들이는 INPUT 영역에 해당한다면, 말하기(Speaking)와 쓰기(Writing)는 습득한(또는 획득한) 정보를 사용 하는 OUTPUT의 영역에 해당합니다. 독해는 정보를 읽고 이해하는 것이 목적이지만, 회화는 의사 소통이 목적입니다. 목적 자체가 다르며, 당연히 학습법도 다르죠.

여기서 한 번 생각해볼 문제는, 내가 내 입으로 말할(Speaking) 수 있는 내용을 상대방의 입을 통해 듣게(Listening) 되면 귀에 더 잘 들리며, 내가 글로 쓸(Writing) 수 있는 내용을 책으로 읽었을(Reading) 때 더 눈에 잘 들어오더라는 사실입니다. 하지만 반대로, 눈으로 봐서 이해한 내용을 다시 글이나 말로 표현하라고 하면 어려운 경우가 많습니다. 즉, 영어 학습 시 말하기와 쓰기 위주로 학습하면 듣기와 읽기 능력은 어느 정도 함께 상승하는 사례가 많지만, 듣기와 읽기를 잘한다고 해서 말하기나 쓰기 실력이 눈에 띄게 상승하는 사례는 드뭅니다. 물론, 네 가지 영역을 골고루 학습할 수 있다면 더욱 좋겠지만, 그럴 수 없다면, OUTPUT 영역을 위주로 학습하는 것이 훨씬 좋다고 말씀드리고 싶습니다.

다시 돌아와서, 저는 OUTPUT을 위한 회화책을 INPUT을 위한 독해책처럼 학습했습니다. 따라서 한 달이 지났을 때 책의 스토리는 대충 이해가 되었지만(당연히 글처럼 읽었으니) 배운 내용 중 그 어느 것도 제 입으로 쉽게 표현할 수는 없었습니다. 저는 비싼 돈 주고 책을 읽은 셈이었습니다.

저는 비싼 돈 주고 책을 읽은 셈이었습니다.

전 제 나이 또래 대부분의 사람들처럼 어릴 적부터 일본식 영어 발음에 익숙해 있었습니다. 따라서 발음은 엉망진창이었죠. 어떤 발음은 잘 들리지도 않고, 입으로 잘 나오지도 않았죠. 분명히 아는 발음인데도 제 머리와 제 입은 따로 놀았습니다. 하지만 토익 L/C 자료로 문장을 "따라 읽고", "동시에 말하는" 훈련을 하던 중 제 입으로는 불가하다고 생각했던 발음이 제대로 나오기 시작 했습니다. 오호라~ 그때 비로소 깨닫게 되었습니다. 언어라는 건 머릿속으로 이해하는 것과 내 몸 (입과 귀)이 습득하는 게 다르다는 사실을요. 즉, "안다는 것"과 "말할 수 있다는 것"이 다르다는 것을 알게 됐습니다.

회화는 아무리 쉬운 표현이라도 필요한 상황에 자신의 입으로 툭 튀어나오지 않으면 "회화를 학습 했다"고 말할 수 없는 것입니다. 그러려면 머릿속 지식이 육체적인 감각, 즉 입을 통해 자연스럽게 나올 수 있도록 훈련하는 수밖에 없습니다. 이러한 의미에서 "말하기(회화)는 말하기를 통해 학습 해야 한다"는 "아주 단순하면서도 대부분의 사람들이 실천하지 않는 진리"가 나오는 것이랍니다.

"안다는 것"과 "말할 수 있다는 것"이 다르다는 것을 알게 되었습니다.

회화를 학습할 때 원어민의 역할은 절대적이지 않습니다. 원어민 강사의 노하우나 체험에서 우러나오는 자세한 설명이 필요한 경우가 아니라면 자신이 알고 있는 내용을 써먹을 대화상대로, 더 정확히 말하자면 배운 내용을 입으로 훈련시켜줄 트레이너로 필요한 경우가 대부분이죠. 실제로 내용 이해는 한국 강사의 설명을 듣거나 한국말로 설명된 교재를 보는 게 더 빠릅니다. 그럼에도 불구하고 어학연수 가서 회화 수업을 받는 사람들을 보면, 하루에 6시간 넘게 1:1 수업을 하면서도 원어민 선생님의 설명을 듣고 이해하거나, 또는 책을 보고 이해하느라 수업 중 대부분의 시간을 낭비하는 학생들을 많이 봅니다. 이것은 전화영어나 화상영어 학습 때도 그대로 나타납니다. 제 말의 핵심은 어학연수나 전화영어, 화상영어가 효과가 없다는 말이 아닙니다. 그것을 활용하는 방법이 잘못되었다는 말이죠. 즉, 원어민과의 수업 시간은 자신이 아는 내용이나 학습한 내용을 훈련해야 할 시간인데, 그제서야 머릿속에 정보를 집어넣고 있다는 것입니다.

회화 공부는 훈련할 내용을 학습하고 이해하기 위한 시간과, 그것을 실제로 내 입으로 훈련하기 위한 시간이 필요합니다. 어학연수나 전화영어, 화상영어 학습의 관점에서 보자면 예습의 시간이 있어야 한다는 말입니다. 정보는 미리 머릿속에 담아놔야 하고, 실제 수업 시간에는 그것을 내 입으로 훈련하는 시간으로 삼아야 합니다. 예습이 총알을 장전하는 시간이라면, 본 수업은 전투의 시간입니다. 매우 공격적이어야 하죠. 특히, 어학연수와는 수업 시간이 비교가 안 될 정도로 짧은 전화영어와 화상영어 학습은 수업 후에도 약 30분가량 자기만의 훈련 시간을 따로 가져야 합니다.

예습이 총알을 장전하는 시간이라면, 본 수업은 전투의 시간입니다.

이제, 지금까지 구구절절하게 설명한 내용을 요약해 "회화 잘하는 법"에 대한 결론을 짓겠습니다.

첫째, 회화는 '독해'가 아니라 '말하기'입니다. 읽지(Reading) 말고 말(Speaking)하십시오.
둘째, 원어민과의 수업 시간을 낭비하지 마십시오. 총알은 미리 장전해야 합니다.
셋째, 수업 시간에는 훈련에 집중하십시오.
넷째, 학습한 내용을 자신의 입으로 훈련하는 시간을 하루 최소 30분 이상 가지세요.

혼자서 훈련하는 시간을 꼭 가지세요. 훈련 시간을 낼 수 없다면, 어학연수나 전화영어, 화상영어 수업은 앞서 제 경험처럼 "비싼 돈 내고 책 읽는" 학습이 되기 쉽습니다. 훈련할 시간이 없다는 건, 회화 학습을 하기 싫다는 말입니다.

훈련할 시간이 없다는 건, 회화 학습을 하기 싫다는 말입니다.

마지막으로 한 말씀 드리고 글을 마무리하겠습니다. 아무리 좋은 교재가 나오고, 아무리 좋은 학습법이 개발되어도, "회화 실력은 자신이 직접 자기 입으로 훈련한 시간에 비례한다"는 사실은 변하지 않습니다! 이 책을 선택한 여러분은 "회화를 잘했으면 좋겠다"라는 막연한 바람에서 머물지 않고, 직접 책을 선택해 학습하려는 적극적인 의지가 있는 분들이라 믿습니다. 그러니 이제 같이 훈련을 시작합시다. 여러분은 할 수 있습니다.

회화 실력은 자신이 직접 자기 입으로 훈련한 시간에 비례합니다!

문장 연습은 이렇게...

혹시 "러브액츄얼리"라는 영화를 보셨나요? 영화에서 등장하는 여러 커플 중 어느 커플이 가장 기억에 남으세요? 보통은 스케치북으로 청혼하는 장면만 기억하시더군요. "TO ME, YOU ARE PERFECT" 기억나시죠? 제 경우엔 서로 언어가 달라 의사소통이 안 되던 작가 제이미와 포르투갈 가정부 오렐리아 커플이 가장 인상에 깊게 남았습니다. 제이미가 오렐리아를 바래다주는 상황에서 제이미는 영어로 "난 널 바래다주는 이 순간이 가장 행복해."라고 말하고, 오렐리아는 포르투갈어로 "전 당신과 곧 헤어져야 하는 이 순간이 가장 슬퍼요."라고 말하는데, 어쩜 같은 순간 같은 감정을 이처럼 다르게 표현할 수 있는지... 그 장면과 더불어 기억에 남는 건 제이미가 어학원 랩실에서 헤드셋을 끼고 열심히 포르투갈어를 공부하는 장면입니다. 눈치채셨나요? 바로 이 장면을 소개하기 위해 러브액츄얼리 이야기를 꺼낸 것이랍니다. 제이미가 오렐리아에게 청혼하기 위해 어학원에서 열심히 훈련했듯, 회화를 끝장내려는 의지가 있는 여러분이라면 적어도 제이미 이상의 노력을 기울여야 한답니다.

회화는 표현이 생명입니다. 특정 상황에서 얼마나 적절한 표현을 사용하는가가 중요하죠. 그러려면 많은 표현을 알고 있어야겠죠? 표현은 하나의 "단어(word)"일 수도 있고, "구(phrase)"일 수도 있고, "문장(sentence)"일 수도 있는데, 어차피 대화는 대부분 문장 단위로 할 것이므로 문장 단위로 연습하는 것이 좋습니다.

훈련에 앞서 가장 먼저 해야 할 것은 어떤 표현을 훈련할 것인지 "선택"하는 것입니다. 보통, 의욕이 앞서는 학습자는 맞닥뜨리는 표현을 몽땅 외우려고 덤볐다가 일주일도 못 가 포기하곤 하는데, 표현을 선택할 때에는 반드시 자신이 소화할 수 있는 양에서 최대 110% 정도만 선택하는 것이 좋습니다. 또한, 특이하고 재미있다고 해서 자주 쓰이는 건 아니므로 자신이 평소 자주 사용할 법한 표현들로만 선택하도록 합니다.

훈련할 표현을 정리했다면 제일 첫 단계는 "따라 읽기"입니다.

> **1-1** 음원을 먼저 재생한 후 귀 기울여 듣습니다.

> **1-2** 음원과 최대한 비슷하게 따라 읽어봅니다.

➡ 이렇게 한 문장당 최소 15회 이상 반복합니다.

두 번째 단계는 "동시에 말하기"입니다.

> **2-1** 음원 재생과 동시에 말하기 시작합니다.

> **2-2** 음원이 끝날 때 같이 끝날 수 있게 합니다.

➡ 이 단계 역시 한 문장당 최소 15회 이상 반복합니다.

이처럼 20~30여 회 이상 신경 써서 읽은 문장은 입에 익어서 적시에 무의식적으로 튀어나오기도 합니다. 이와 더불어 첫 번째 단계에서는 발음이 개선되고, 두 번째 단계에서는 억양과 강세까지 개선되는 효과를 기대할 수 있습니다. 연습해보면 알겠지만 두 번째 단계에서는 문장이 조금만 길어져도 비슷한 억양과 강세로 말하지 않으면 동시에 끝나지 않는답니다.

이 훈련에서는 주의해야 할 것이 세 가지 있습니다.

첫째, 간혹 반복 횟수에만 신경 쓰고, 정작 문장 내용이나 발음에는 신경을 안 쓰는 학습자들이 있는데, 그러면 그냥 멍 때리는 것과 같답니다. 반드시 문장 내용과 발음에 신경 쓰면서 읽어야 합니다.

둘째, 단계별 훈련 방법 소개에서 첫 번째 단계는 따라 "읽기"라고 표현했고, 두 번째 단계는 동시에 "말하기"라고 표현한 것 눈치채셨나요? 첫 번째 단계에서는 눈으로는 문장을 보고 귀로는 음원을 들으면서 연습하는 것입니다. 반면, 두 번째 단계에서는 보지 않고 "말해야" 합니다. 암기하면서 훈련하는 것이죠.

셋째, 말하는 내용은 다시 자신의 귀를 동해 2차 지극을 주게 됩니다. 즉, 자신이 말하는 내용이 다시 자신의 귀에 들리게 되면서 뇌에 반복 자극을 준다는 것이죠. 하지만 귀는 자신이 평상시 말하는 소리 크기에 익숙해져 있어서 평상시보다 더 크게 말해야 한답니다. 이러한 이유로 지금까지 이 방법으로 훈련해본 적이 없었던 학습자들은 하루 이틀 만에 목이 쉬기도 합니다.

자, 이제 문장 연습 방법을 충분히 이해하셨죠? 소금물 가글 준비하시고, 오늘부터 꾸준히 30분 이상 이 방법으로 훈련해보세요! 한 달이 지날 즈음엔 표현력과 더불어 발음/억양/강세가 눈에 띄게 향상돼 있을 거예요. 쌀라쌀라 영어 방언이 터지는 날을 기대하며, 화이팅!

Getting Started!

Contents
목차

16

▶▶▶
Let's Get Started!
▶▶▶

071 Can I have the other?
내가 다른 거 가져도 돼? / 내가 나머지 가져도 돼?

Gotta Know

A. Let's practice the dialogues using the given information.

brother / cousin

A: Who're those <u>guys</u>?
B: One is <u>my brother</u>
and the other (one)
is <u>my cousin</u>.

➡

① sister / mom

your kids
Jessie / Josh / Ken

A: What're <u>your kids'</u>
names?
B: One is <u>Jessie</u>,
another (one) is <u>Josh</u>,
and the other (one)
is <u>Ken</u>.

➡

② your friends
Terry / Mike / Janet

Gotta Remember

B. Look at the example and make sentences accordingly.

ex) mine / yours   → One is mine and the other is yours.

(1) a teacher / a nurse   → _____.

(2) from Pam / from Sandy   → _____.

(3) yellow / pink / black   → _____.

(4) really good / alright / awful → _____.

C. Answer the question below.

Q: What are two things you're great at?
A: _____.

A. 주어진 정보를 이용해 다음 대화문들을 연습해봅시다.

형(/오빠/남동생) / 사촌	A: 저 사람들은 누구야? B: 하나는 우리 형이고, 다른 한 사람은 내 사촌이야.	→	①	누나(/언니/여동생) / 엄마
당신의 아이들 제시 / 조쉬 / 켄	A: 네 아이들 이름은 어떻게 돼? B: 하나는 제시, 또 하나는 조쉬, 나머지 한 녀석은 켄이야.	→	②	당신의 친구들 테리 / 마이크 / 재닛

B. 보기를 참고로 하여 문장들을 만들어보세요.

ex) 내 것 / 네 것 → 하나는 내 거고 다른 하나는 네 거야.

(1) 교사 / 간호사 → 정답 : One is a teacher and the other is a nurse.
한 명은 교사, 나머지 한 명은 간호사야.

(2) 팸에게서 / 샌디에게서 → 정답 : One is from Pam and the other is from Sandy.
하나는 팸, 다른 하나는 샌디에게서 온 거야.

(3) 노란색 / 분홍색 / 검은색
→ 정답 : One is yellow, another is pink, and the other is black.
하나는 노란색, 다른 하나는 분홍색, 나머지 하나는 검은색이야.

(4) 정말 좋은 / 괜찮은 / 끔찍한
→ 정답 : One is really good, another is alright, and the other is awful.
하나는 정말 좋고, 다른 하나는 그럭저럭 괜찮고, 나머진 형편없어.

C. 다음 응답은 참고용입니다. 질문에 자유롭게 응답해보세요.

Q: What are two things you're great at?
A: One is making money and the other is spending money,
which is why I'm always broke.

Q: 당신이 가장 잘하는 것 두 가지는 무엇인가요?
A: 하나는 돈을 버는 것이고, 다른 하나는 번 돈을 쓰는 거예요. 그래서 늘 빈털터리죠.

Check This Out

1) 몇 개의 대상이 있을 때 처음 것은 "one", 두 번째 것은 "another (one)", 그다음부터는 "the third (one)", "the fourth (one)"처럼 표현하다가, 마지막 것은 "the other (one)" 이라고 표현해요. 대상이 두 개밖에 없다면 처음 것은 "one", 나머지 것은 "the other (one)"이라고 표현하면 되겠죠?

2) "another (one)"과 "the other (one)"에서 "one"은 생략되기도 하고, "another boy", "the other person"처럼 구체적인 명사로 밝혀주기도 해요.

3) 마지막 대상을 비롯해 전체 대상을 다 서수로 표현할 수도 있어요. 각각 "the first (one)", "the second (one)", "the third (one)"처럼 표현하죠. 또한, 마지막 대상은 "the last (one)"라고 표현하기도 해요.

Gotta Know

A. Let's practice the dialogues using the given information.

A: Make sure to <u>lock the door</u>. B: Don't worry. I will.	① help him
	② do this first
A: Be sure to <u>wash your hands before dinner</u>. B: Stop telling me what to do.	③ give her a call ahead of time
	④ show up on time

B. Let's look at the example and change the sentences accordingly.

ex) Call me ahead of time. → Make sure (that) you call me ahead of time.

(1) Arrive on time.   → _____.
(2) Fasten your seat belt.   → _____.
(3) Don't touch my stuff.   → _____.
(4) Keep me updated.   → _____.

Gotta Remember

C. Make any sentences you want using the given phrases.

(1) Make sure to _____.
(2) Be sure to _____.
(3) Make sure _____.
(4) Be sure _____.

D. Rearrange the words to form sentences.

(1) you / an / make / umbrella / to / sure / bring / with
→ _____.

(2) phone / off / make / is / sure / your
→ _____.

A. 주어진 정보를 이용해 다음 대화문들을 연습해봅시다.

A: 문 꼭 잠가.
B: 걱정하지 마. 그럴게.

A: 저녁 먹기 전에 꼭 손 씻어.
B: 나한테 이래라저래라 잔소리 좀 그만해.

① 그를 돕다
② 이것부터 하다
③ 그녀에게 미리 전화하다
④ 제시간에 나타나다

B. 보기를 참고로 하여 주어진 문장들을 바꿔봅시다.

ex) 나한테 미리 전화해줘. → 꼭 나한테 미리 전화하도록 해.

(1) 제시간에 도착해. → 정답 : Make sure (that) you arrive on time.
꼭 제시간에 도착하도록 해.

(2) 안전띠 매. → 정답 : Make sure (that) you fasten your seat belt.
꼭 안전띠 매도록 해.

(3) 내 물건에 손대지 마. → 정답 : Make sure (that) you don't touch my stuff.
반드시 내 물건에 손대지 않도록 해.

(4) 나한테 진행 상황 수시로 알려줘. → 정답 : Make sure (that) you keep me updated.
나한테 꼭 진행 상황 수시로 알려줘.

C. 다음 문장들은 참고용입니다. 주어진 표현들을 이용해 자유롭게 문장을 만들어보세요.

(1) Make sure to wear something warm. 반드시 따뜻하게 입도록 해.
(2) Be sure to do so. 꼭 그렇게 하도록 해.
(3) Make sure you get enough sleep. 반드시 잠을 충분히 자도록 해.
(4) Be sure you cook the meat long enough. 반드시 고기를 충분히 오래 익히도록 해.

D. 단어들을 재배열하여 문장을 만들어보세요.

(1) 우산 꼭 챙겨서 와. → 정답 : Make sure to bring an umbrella with you.
(2) 휴대폰을 꼭 끄도록 해. → 정답 : Make sure your phone is off.

1) "Make sure to ..." 또는 "Be sure to ..."라고 표현하면 "꼭 ~하도록 해.", "반드시 ~하도록 해."처럼 명령문을 강조하는 뜻이 돼요. 요즘은 "Be sure to ..."보다는 "Make sure to ..."라고 표현하는 게 더 일반적이죠.

2) "make sure"이나 "be sure" 뒤에는 to부정사 대신 that절("that"으로 시작하는 완벽한 문장)이 등장하기도 하는데, 이때 "that"은 생략하고 말하기도 하고, 강조를 위해 생략하지 않고 말하기도 해요.

Gotta Know

A. Let's match A1 through A6 to B1 through B6.

A1) Be quiet ...   •   • B1) ... otherwise you'll forget it.

A2) Hurry up, ...   •   • B2) ... or you'll hurt your back.

A3) Leave her alone ...   •   • B3) ... or they'll hear you.

A4) Write it down right now, ... •   • B4) ... otherwise we'll miss our flight.

A5) Keep it down ...   •   • B5) ... or you'll freak her out.

A6) Sit straight ...   •   • B6) ... or you're gonna wake her up.

B. Let's look at the examples and change the sentences accordingly.

ex1) Wake up! → Wake up already!

(1) Tell me!   → _____!

(2) Stop it!   → _____!

ex2) Get ready.
        → Hurry up and get ready.

(3) Get over here.
      → _____.

(4) Finish it.
      → _____.

Gotta Remember

C. Complete the sentences. (Answers may vary.)

(1) Wake up already or _____.

(2) Apologize to her, otherwise _____.

A. 명령을 따르지 않을 경우 초래될 수 있는 적절한 결과를 찾아 각 명령문을 완성해봅시다.

A1) → 정답 : B3) Be quiet or they'll hear you.
조용히 해. 안 그러면 쟤네한테 네가 하는 말이 들릴 거야.

A2) → 정답 : B4) Hurry up, otherwise we'll miss our flight.
서둘러. 그러지 않으면 우리 비행기 놓치게 될 거야.

A3) → 정답 : B5) Leave her alone or you'll freak her out.
걔 가만히 둬. 안 그러면 걔 폭발할 거야.

A4) → 정답 : B1) Write it down right now, otherwise you'll forget it.
(그거) 지금 적어둬. 그러지 않으면 (너 그거) 잊어버릴 거야.

A5) → 정답 : B6) Keep it down or you're gonna wake her up.
조용히 해. 안 그러면 쟤 깰 거야.

A6) → 정답 : B2) Sit straight or you'll hurt your back.
똑바로 앉아. 안 그러면 허리 다칠 거야.

B. 보기를 참고로 하여 주어진 문장들을 바꿔봅시다.

ex1) 일어나!　　　　→ 어서 일어나!

(1) (나한테) 말해!　→ 정답 : Tell me already!　　　　어서 (나한테) 말해!
(2) 그만해!　　　　→ 정답 : Stop it already!　　　　제발 그만 좀 해!

ex2) 준비해.　　　　→ 어서 준비해.

(3) 이리로 와봐.　　→ 정답 : Hurry up and get over here.　어서 이리로 와봐.
(4) (그거) 끝내.　　→ 정답 : Hurry up and finish it.　　(그거) 빨리 끝내.

C. 다음 문장들은 참고용입니다. 자유롭게 각 문장을 완성해보세요.

(1) Wake up already or <u>you're gonna be late</u>.　　어서 일어나. 안 그러면 너 지각할 거야.
(2) Apologize to her, otherwise <u>she's gonna break up with you</u>.
걔한테 사과해. 안 그러면 걔가 너랑 헤어질 거야.

Check This Out

1) 보통, 명령을 하다 보면, "**안 그러면 …**"이라고 협박 조로 말할 때가 있죠? 이럴 때 명령문 뒤에 "**or**" 또는 "**otherwise**"를 이용해서 "말을 안 들을 경우 어떤 일이 생길 것인지"를 밝혀줄 수 있어요.

2) 말끝에 "**already**"를 더해주면 몹시 화가 났거나 조바심이 난 느낌을 줘요. 이는 다음과 같이 명령문이 아닌 일반 문장에도 사용할 수 있답니다.
ex) Let's go already!　　어서 가자!

3) 명령문 앞에 "**Hurry up and …**"를 더해주면 독촉하는 느낌을 줘요. 일반 명령에 "**어서**", "**빨리**", "**서둘러**"라는 의미를 더해주는 것이죠.

Gotta Know

A. Let's look at the example and change the sentences accordingly.

ex) Don't call me names.
→ Stop calling me names.

(1) Don't drink. → _____.
(2) Don't brag. → _____.
(3) Don't talk back. → _____.
(4) Don't bother me. → _____.

B. Use the *Cheat Box* to fill in the blanks. (Some answers may vary.)

(1) I stopped _____ tie my shoe.
(2) Stop _____ the crosswalk there.
(3) Why didn't you stop _____ yesterday?
(4) I'll drop _____ there later today.
(5) I was going to swing _____ last night.
(6) I'll come _____ to your place sometime this evening.
(7) What time can you come _____?
(8) I'll be home all day today. Just buzz _____ anytime.

Cheat Box
at
by
in
to
over

Gotta Remember

C. Make any sentences you want using the phrase "Stop ~ing ..."

(1) Stop _____.
(2) Stop _____.
(3) Stop _____.
(4) Stop _____.

D. Circle the right answers.

(1) Let's stop (at / in) the pharmacy on the way.
(2) When are you stopping (by / to)?
(3) He (barged / came) over for some coffee.
(4) I just (dropped / buzzed) by to say hi.

A. 보기를 참고로 하여 주어진 문장들을 바꿔봅시다.

ex) 나 놀리지 마.　　　→ 나 그만 좀 놀려.

(1) 술 마시지 마.　　　→ 정답 : Stop drinking.　　　술 좀 그만 마셔.
(2) 자랑하지 마.　　　→ 정답 : Stop bragging.　　　자랑 좀 그만해.
(3) 말대꾸하지 마.　　　→ 정답 : Stop talking back.　　　말대꾸 좀 그만해.
(4) 나 귀찮게 하지 마.　　→ 정답 : Stop bothering me.　　나 그만 좀 귀찮게 해.

B. 다음은 "stop"을 활용한, 또는 어딘가에 "들르다"라는 뜻의 유용한 표현들입니다. Cheat Box 속 표현들로 빈칸을 채워보세요. (일부 정답은 응답자에 따라 다를 수 있음)

(1) 난 잠시 멈춰서 신발 끈을 묶었어.　　　　　→ 정답 : to
(2) 저기 횡단보도에 세워줘.　　　(← at)　　→ 정답 : at / by
　 / 저기 횡단보도 쪽에 세워줘.　　(← by)
(3) 너 어제 왜 안 들렀어?　　　　　　　　　　→ 정답 : by
(4) 나 오늘 이따가 거기 들를게.　　　　　　　→ 정답 : by
(5) 나 어젯밤에 들르려고 했었어.　　　　　　→ 정답 : by
(6) 나 오늘 저녁때쯤 너희 집에 들를 거야.　　→ 정답 : over
(7) 너 몇 시에 들를 수 있어?　　　　　　　　→ 정답 : over / by
(8) 나 오늘 온종일 집에 있을 거니까 언제든 들러. → 정답 : in

C. 다음 문장들은 참고용입니다. "Stop ~ing ..."를 이용해 자유롭게 문장을 만들어보세요.

(1) Stop flattering me.　　　　　　나 비행기 그만 태워. / 아첨 좀 그만해.
(2) Stop defending him.　　　　　걔 역성 좀 그만 들어.
(3) Stop making lame excuses.　　말도 안 되는 변명 좀 그만해.
(4) Stop staring at me like that.　　날 그렇게 빤히 쳐다보지 좀 마.

D. 괄호 속 표현 중 각 문장에 올바른 것을 골라보세요.

(1) Let's stop at the pharmacy on the way.　→ 정답 : 가는 길에 약국 좀 들렀다 가자.
(2) When are you stopping by?　　　　　　→ 정답 : 너 언제 들를 거야?
(3) He came over for some coffee.　　　　→ 정답 : 걘 커피 마시려고 들렀어.
(4) I just dropped by to say hi.　　　　　　→ 정답 : 그냥 안부 인사나 할까 하고 들렀어.

Check This Out

1) "stop"은 뒤에 "동명사(~ing)"가 등장하는지, to부정사가 등장하는지에 따라 의미가 달라져요.
 • I stopped smoking.　난 담배를 끊었어.　　　　　　("smoking" → 그만두는 대상)
 • I stopped to smoke.　난 잠시 멈춰서 담배를 피웠어.　("to smoke" → 멈추는 이유)

2) "come over"은 "들르다"라는 뜻의 나머지 다른 표현들과는 달리 들르는 장소를 밝혀줄 때 반드시 "come over to + 장소"처럼 전치사 "to"를 더해줘야 해요.

3) "barge in"은 "불쑥 들어가다", "불쑥 끼어들다"라는 뜻이에요.
 ex) Sorry to barge in like this.　　이렇게 불쑥 찾아와서 미안해.
 　　　　　　　　　　　　　 / 이렇게 불쑥 끼어들어서 미안해.

075 My job is teaching science.

내 직업은 과학을 가르치는 거야.

A. Let's look at the examples and make sentences accordingly.

ex1) ... is not that difficult. → Speaking English is not that difficult.
(↳ speak English)

(1) ... is really hard. → _____ .
(↳ study French)

(2) My job is ... → _____ .
(↳ teach science)

(3) I love ... → _____ .
(↳ listen to music)

ex2) I love ... → I love to drink coffee in the morning.
(↳ **drink coffee in the morning**)

(4) ... is hard. → _____ .
(↳ study English every day)

(5) My dream is ... → _____ .
(↳ be a lawyer)

(6) I don't like ... → _____ .
(↳ wait for latecomers)

Gotta Remember

B. Let's look at A1 through A4 and choose what needs to follow.

A1) To die for someone you love ... •	• B1) ... wasting your time.
A2) I can't stop ... •	• B2) ... collecting coins.
A3) My hobby is ... •	• B3) ... thinking about you.
A4) I'm sorry for ... •	• B4) ... is not so bad.

C. Answer the question below.

Q: What is your goal for this year?
A: _____ .

A. 보기를 참고로 하여 문장들을 만들어봅시다.

ex1) ...은 그리 어렵지 않아.   → 영어로 말하는 건 그리 어렵지 않아.
    (┗영어로 말하다)

(1) ...은 정말 어려워.   → 정답 : Studying French is really hard.
    (┗ 불어를 공부하다)   불어 공부는 정말 어려워.

(2) 내 직업은 ...야.   → 정답 : My job is teaching science.
      (┗ 과학을 가르치다)   내 직업은 과학을 가르치는 거야.

(3) 난 ...을 아주 좋아해.   → 정답 : I love listening to music.
    (┗ 음악을 듣다)   난 음악 듣는 걸 아주 좋아해.

ex2) 난 ...을 정말 좋아해.   → 난 모닝커피 마시는 걸 정말 좋아해.
    (┗모닝커피를 마시다)

(4) ...은 어려워.   → 정답 : To study English every day is hard.
    (┗ 영어를 매일 공부하다)   매일 영어 공부하는 건 어려워.

(5) 내 꿈은 ...야.   → 정답 : My dream is to be a lawyer.
      (┗ 변호사가 되다)   내 꿈은 변호사가 되는 거야.

(6) 난 ...이 싫어.   → 정답 : I don't like to wait for latecomers.
    (┗ 늦는 사람들을 기다리다)   난 늦는 사람들 기다리는 거 싫어.

B. A1~A4에 이어질 알맞은 말을 찾아 문장을 완성해보세요.

> A1) → 정답 : B4) To die for someone you love is not so bad.
>   사랑하는 이를 위해 죽는 것은 그리 나쁘지 않아.
>
> A2) → 정답 : B3) I can't stop thinking about you.
>   계속 네 생각만 나.
>
> A3) → 정답 : B2) My hobby is collecting coins.
>   내 취미는 동전을 수집하는 거야.
>
> A4) → 정답 : B1) I'm sorry for wasting your time.
>   시간 허비하게 해서 미안해.

C. 다음 응답은 참고용입니다. 질문에 자유롭게 응답해보세요.

Q: What is your goal for this year?   Q: 당신의 올해 목표는 무엇인가요?
A: <u>My goal is to lose 5 kg this year.</u>   A: 제 목표는 올해 5kg을 감량하는 거예요.

Check This Out

1) 동명사는 동사를 명사화한 것으로, "~하기", "~하는 것"이라고 해석되며, 문장 내에서는
명사와 거의 동일한 역할을 해요. 좀 긴 명사라고 이해하면 되죠. 형태로 봤을 때는 동사
끝에 "~ing"를 붙여서 만들며, "~하지 않기", "~하지 않는 것"처럼 부정적인 의미로 표현
하고 싶을 때는 바로 앞에 "not"만 붙여주면 돼요.

2) to부정사는 동사 앞에 "to"를 내세워 만들며, 부정적인 의미로 표현하고 싶을 때는 동명사와
마찬가지로 앞에 "not"을 붙여줘요. 기본적으로는 동명사처럼 명사의 역할을 할 수 있죠.

Gotta Know

A. Let's practice the dialogues using the given information.

A: I'm trying <u>to quit</u> smoking.
B: Why all of a sudden?

① go out more often

② eat less

A: I tried <u>working</u> out five days a week.
B: How did it go?

③ study Chinese

④ talk to her

A: I forgot <u>to give</u> this to her.
B: Not again. What's wrong with you?

⑤ bring my wallet

⑥ give him a heads up

A: You forgot <u>making</u> that promise?
B: I was drunk, so I don't remember anything.

⑦ buy this for me

⑧ meet her yesterday

Gotta Remember

B. Circle the correct answers to complete the dialogues.

(1) A: Are you trying (to pick / picking) a fight with me?
B: Me? Why would I do that?

(2) A: Louis is not answering my calls.
B: Try (to call / calling) this number.

(3) A: I forgot (to make / making) that promise.
B: That is so like you.

(4) A: Where're the eggs?
B: I forgot (to buy / buying) them.

C. Answer the question below.

Q: What do you often forget to do these days?
A: _____.

A. 주어진 정보를 이용해 다음 대화문들을 연습해봅시다.

A: 나 담배 끊으려고 노력 중이야.
B: 왜 갑자기?

① 더 자주 외출하다
② 덜 먹다

A: 나 일주일에 5일 운동해봤어.
B: 해보니 어땠어?

③ 중국어를 공부하다
④ 그녀와 이야기하다

A: 나 이거 걔한테 주는 거 깜빡했어.
B: 또 시작이네. 너 대체 왜 그래?

⑤ 내 지갑을 가져오다
⑥ 그에게 미리 귀띔해주다

A: 너 그 약속 했던 거 기억 안 나?
B: 취해서 아무것도 기억이 안 나.

⑦ 나한테 이것을 사주다
⑧ 어제 그녀를 만나다

B. 알맞은 표현으로 다음 각 대화문을 완성해보세요.

(1) A: 너 지금 나한테 시비 거는 거야?
　　B: 내가? 내가 왜 그러겠어?
→ 정답 : to pick

(2) A: 루이스가 전화를 안 받네.
　　B: 이 번호로 전화해봐.
→ 정답 : calling

(3) A: 나 그 약속 한 거 깜빡했어.
　　B: 거참 너답네.
→ 정답 : making

(4) A: 달걀은 어디 있어?
　　B: 사 오는 거 깜빡했어.
→ 정답 : to buy

C. 다음 응답은 참고용입니다. 질문에 자유롭게 응답해보세요.

Q: What do you often forget to do these days?
A: I often forget to turn off my bathroom light.

　Q: 당신은 요즘 들어 무엇을 자주 깜빡하나요?
　A: 화장실 불 끄는 걸 깜빡할 때가 많아요.

Check This Out

1) "try"도 "stop"과 마찬가지로 뒤에 to부정사와 동명사가 모두 등장할 수 있어요. 하지만 무엇이 등장하느냐에 따라 뜻은 좀 달라지죠. to부정사가 등장하는 경우에는 "~하려 (노력)하다"라는 뜻이 되고, 동명사가 등장하는 경우에는 "(한번) ~(시도)해보다"라는 뜻이 돼요.

2) "잊다"라는 뜻의 동사 "forget"도 뒤에 to부정사와 동명사가 모두 등장할 수 있어요. 단, 무엇이 등장하든 "forget"의 뜻은 달라지지 않죠. "해야 할 일"을 깜빡한 경우에는 to부정사를 이용하고, "이미 한 일"을 깜빡한 경우에는 동명사를 이용해요. 이는 "remember"의 경우도 마찬가지인데, "해야 할 일"을 안 잊어버리고 기억하는 경우에는 to부정사를, "이미 한 일"을 기억하는 경우에는 동명사를 이용해요.

077 | I'm sorry for calling this late.
이렇게 늦게 전화해서 미안해.

Gotta Know

A. Let's practice the dialogues using the given information.

A: Thank you for <u>letting me know</u>. B: No problem.	① invite me to dinner
	② drive me to work
A: Thanks for <u>being there for me</u>. B: Hey, that's what friends are for, right?	③ trust me
	④ come all the way here

B. Let's practice the dialogues. Replace the underlined sentences with the ones in the *Ready-to-Use Box*.

(1) A: I'm sorry for calling this late.
   B: <u>No problem.</u>

(2) A: I'm really sorry about last night.
   B: <u>Forget it.</u>

Ready-to-Use Box

Not a problem.
It's all right. (= That's all right.)
It's okay.   (= That's okay.)
It's fine.   (= That's fine.)
Don't worry about it.
Don't mention it.
Apology accepted.
It's already forgotten.
It's already forgiven.
There's nothing to forgive.
No need to apologize.

Gotta Remember

C. Make any sentences you want using the phrase "I'm sorry for …"

(1) I'm sorry for _____.
(2) I'm sorry for _____.
(3) I'm sorry for _____.

D. Answer the question below.

Q: What're you most thankful to your parents for?
A: _____.

A. 주어진 정보를 이용해 다음 대화문들을 연습해봅시다.

A: 알려줘서 고마워. B: 고맙긴, 뭘.	① 나를 저녁 식사에 초대해주다
	② 나를 회사까지 태워주다
A: 곁에 있어 줘서 고마워. B: 야, 그게 친구 좋다는 거 아니겠어?	③ 나를 믿다
	④ 여기까지 와주다

B. Ready-to-Use Box 속 표현들로 밑줄 부분을 바꿔가며 대화문들을 연습해봅시다.

(1) A: 이렇게 늦게 전화
해서 미안해.
B: <u>미안하긴, 뭘.</u>

(2) A: 지난밤 일은 정말
미안해.
B: <u>신경 쓰지 마.</u>

Not a problem.	미안하긴, 뭘. / 고맙긴, 뭘.
It's all right. (= That's all right.)	괜찮아.
It's okay.　　(= That's okay.)	괜찮아.
It's fine.　　(= That's fine.)	괜찮아.
Don't worry about it.	걱정 마.
Don't mention it.	뭘 그런 걸 가지고. / 됐어, 뭘.
Apology accepted.	사과 받아줄게.
It's already forgotten.	벌써 잊었어.
It's already forgiven.	벌써 용서했어.
There's nothing to forgive.	용서하고 말고 할 거 없어.
No need to apologize.	사과 안 해도 돼.

C. 다음 문장들은 참고용입니다. "I'm sorry for ..."를 이용해 자유롭게 문장을 만들어보세요.

(1) I'm sorry for <u>being late</u>.　　　　늦어서 미안해.
(2) I'm sorry for <u>bothering you</u>.　　귀찮게 해서 미안해.
(3) I'm sorry for <u>not being of any help</u>.　도움이 못 되어서 미안해.

D. 다음 응답은 참고용입니다. 질문에 자유롭게 응답해보세요.

Q: What're you most thankful to your parents for?
A: <u>I'm thankful to them for a lifetime of undying love, support and encouragement.</u>
　　Q: 당신은 부모님께 어떤 부분이 가장 감사한가요?
　　A: 평생 변함없이 사랑해주시고, 지지해주시고, 격려해주신 것에 대해 감사하게 생각해요.

Check This Out

1) "No problem.", "Not a problem."은 사과의 말에 대답할 때뿐만 아니라 고맙다는 인사에
대답할 때도 사용할 수 있는 표현들이에요. "미안하긴, 뭘.", "고맙긴, 뭘."이라는 뜻이죠. 호주
에서는 "No worries."라고 표현하기도 해요.

2) "Thank you for ..."와 "I'm sorry for ..." 뒤에는 동명사가 자주 등장해요. 물론, 그냥 일반
명사가 등장하기도 하죠. 참고로, "I'm sorry ..."는 "I'm sorry about ..."처럼 "for" 대신
"about"을 이용하기도 하는데, 이때는 "~에 관해 미안해."처럼 의미가 살짝 달라진답니다.

　ex) Thanks for your time.　　　　　시간 내줘서 고마워.
　ex) I'm sorry for the short notice.　좀 더 일찍 알려주지 못해서 미안해.
　ex) I'm sorry about the other day.　지난번 일은 미안해.

078 Give me a break!

그만 좀 해! / 적당히 좀 해! / 웃기지 좀 마.

Gotta Know

A. Let's try matching the words below and make sentences as in the example. (Answers may vary.)

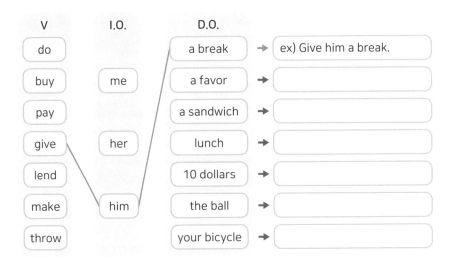

V	I.O.	D.O.	
do		a break	→ ex) Give him a break.
buy	me	a favor	→
pay		a sandwich	→
give	her	lunch	→
lend		10 dollars	→
make	him	the ball	→
throw		your bicycle	→

Gotta Remember

B. Complete the dialogues. (Answers may vary.)

(1) A: Are you done?
    B: Almost. Give me _____.

(2) A: Give me that book.
    B: Only if you buy me _____.

(3) A: Give me _____.
    B: Okay. What time should I call you?

(4) A: Give me _____.
    B: Okay, but if you do this again, we're through.

(5) A: Tell me _____.
    B: I didn't really have a reason.
       I guess I just did it on impulse.

A. 다음 문장들은 참고용입니다. V - I.O. - D.O.에서 각각 하나씩 골라 자유롭게 문장을 만들어 봅시다. (I.O. 항목은 중복 선택 가능)

Give him a break.	걔한테 그만 좀 해. / 걔한테 적당히 좀 해.
Do me a favor.	부탁 하나 들어줘.
Make him a sandwich.	걔한테 샌드위치 하나 만들어줘.
Buy me lunch.	나 점심 사줘.
Pay me 10 dollars.	나한테 10달러 내.
Throw her the ball.	쟤한테 공 던져.
Lend her your bicycle.	걔한테 네 자전거 좀 빌려줘.

B. 알맞은 직접목적어로 다음 각 대화문을 완성해보세요. (정답은 응답자에 따라 다를 수 있음)

(1) A: 끝났어?
    B: 거의. 잠시만 기다려. → 정답 : a minute

(2) A: 그 책 나한테 줘.
    B: 네가 나한테 점심을 사주기만 한다면야. → 정답 : lunch

(3) A: 전화 좀 해줘.
    B: 알겠어. 몇 시에 할까? → 정답 : a call

(4) A: 나에게 기회를 한 번 더 줘.
    B: 알았어. 하지만 또 이러면 우린 끝이야. → 정답 : another chance

(5) A: 내게 이유를 말해줘.
    B: 딱히 이유는 없었어. 그냥 충동적으로 그랬나 봐. → 정답 : the reason

Check This Out

1) 우리말에서는 "~을/~를"이라고 표현하는 것들만 목적어로 보지만, 영어에는 두 가지 목적어가 있어요. 우리말의 목적어에 해당하는 것을 "**직접목적어(direct object; D.O.)**" 라고 하고, 추가로 "~에게"라고 해석되는 것을 "**간접목적어(indirect object; I.O.)**"라고 하죠. 영어에는 목적어가 아예 불필요한 문장도 있고, 꼭 있어야 하는 문장도 있으며, 심지어 간접목적어와 직접목적어가 둘 다 필요한 문장도 있는데, 이는 동사에 의해 결정돼요.

ex) I came back a little while ago. → 목적어 0개
    나 조금 전에 돌아왔어.

ex) Did you hear that sound? → 목적어 1개 (저 소리를)
    너 저 소리 들었어?

ex) Can you lend me a pencil? → 목적어 2개 (나에게, 연필 한 개를)
    나 연필 하나만 빌려줄래?

2) 위에서 소개한 "**Do me a favor.**"을 활용해 "**Do me a favor and ...**"이라고 말문을 열면, "**부탁인데, ...**"라는 표현이 돼요. 이는 정말로 무언가를 부탁하는 의미로 쓰일 수도 있지만, 어떤 행동을 하지 않는 누군가에게 짜증 섞인 말투로 핀잔을 주기 위해 사용되기도 한답니다.

ex) Do me a favor and take out the garbage. 부탁인데, 쓰레기 좀 내다 놔 줘.
ex) Do me a favor and take a shower.   제발 부탁인데 샤워 좀 하지 그래.

I'll show you how to do it.

내가 (그거) 어떻게 하는지 보여줄게.

Gotta Know

A. **Let's look at the example and change the sentences accordingly.**

ex) I don't know what I should buy. → I don't know what to buy.

(1) I don't know what I should do. → _____.
(2) I didn't know who I should believe. → _____.
(3) I know where we should eat. → _____.
(4) I'll tell you when you should leave. → _____.
(5) I don't know how I should get there. → _____.

Gotta Remember

B. **Circle the correct answers.**

(1) Do you know (how / which) to play harmonica?
(2) Can you tell me (when / where) to go for some good Korean food?
(3) I don't know (what / whom) to tell him.
(4) They told him (who / where) to go.
(5) I can't decide (who / how) to marry.
(6) Do we know (what / when) to expect him?
(7) I'll show you (how / why) to bake cookies.
(8) I don't know (what / how) to make of it.

C. **Complete the dialogues. (Some answers may vary.)**

(1) A: Have you decided _____ first?
   B: I have. I'll go to Toronto first.

(2) A: I don't know _____ this.
   B: Are you blind? Try reading the manual.

(3) A: I'm all done. Tell me _____ next.
   B: That was fast. You know what?
      Let's just wait until Jack comes back.

A. 보기를 참고로 하여 주어진 문장들을 바꿔봅시다.

ex) (난) 뭘 사야 할지 모르겠어.

(1) (난) 뭘 (어떻게) 해야 할지 모르겠어. → 정답 : I don't know what to do.

(2) (난) 누굴 믿어야 할지 모르겠더라. → 정답 : I didn't know who to believe.

(3) (나) 어디서 먹어야 할지 알아. → 정답 : I know where to eat.

(4) (내가) 언제 출발해야 할지 알려줄게. → 정답 : I'll tell you when to leave.

(5) (난) 거기 어떻게 가는지 모르겠어. → 정답 : I don't know how to get there.

B. 괄호 속 표현 중 각 문장에 올바른 것을 골라보세요.

(1) 너 하모니카 어떻게 부는지 알아? → 정답 : how

(2) 한국 음식 맛있게 하는 곳 좀 알려줄래? → 정답 : where

(3) 걔한테 뭐라고 말해야 할지 모르겠어. → 정답 : what

(4) 그들이 걔한테 어디로 가야 할지 알려줬어. → 정답 : where

(5) 난 누구랑 결혼할지 결정을 못 하겠어. → 정답 : who

(6) 우리 개 언제 오는지 알아? → 정답 : when

(7) 내가 쿠키 만드는 법 알려줄게. → 정답 : how

(8) 난 (그걸) 어떤 식으로 받아들여야 할지 모르겠어. → 정답 : what

C. 알맞은 표현으로 다음 각 대화문을 완성해보세요. (일부 정답은 응답자에 따라 다를 수 있음)

(1) A: 너 어디부터 갈지 결정했어? → 정답 : where to go
   B: 응. 토론토 먼저 갈 거야.

(2) A: 나 이거 어떻게 사용하는지 모르겠어. → 정답 : how to use
   B: 장님이냐? 설명서 읽어 봐.

(3) A: 다 끝냈어. 이제 뭐 해야 하는지 알려줘. → 정답 : what to do
   B: 거참 빠르네. 있잖아, 그냥 잭 돌아올 때까지 기다리자.

Check This Out

1) 모든 동사에 다 해당하는 것은 아니지만, 간혹 "know"와 같은 일부 동사들은 "무엇을 ~해야 할지", "어떻게 ~해야 할지", "누굴 ~해야 할지", "언제 ~해야 할지", "어디서 ~해야 할지" 등 의문사가 포함된 목적어를 필요로 할 때가 있어요. 이때는 간단히 "의문사＋to부정사" 형태로 표현할 수 있어요.

2) 보통, "how to ..."의 경우에는 "어떻게 ~하는지" 또는 "~하는 방법"이라는 뜻으로 사용돼요.

3) "어떻게 해야 할지 모르겠어."라고 표현하고 싶을 땐 "I don't know how to go about it." 이라고 말하기도 해요. 이때 "go about"은 "~을 하다", "~을 하기 시작하다", "~을 처리하다" 라는 뜻이죠. 이를 활용해 "Will you please go about your business?"라고 말하면 "네 일이나 잘할래? (신경 좀 꺼줄래?)"라는 뜻이 된답니다.

I'm not lying to you.

나 너한테 거짓말하는 거 아니야.

Gotta Know

A. Let's practice the dialogues using the given information.

A: What're you doing now?
B: <u>I'm getting</u> ready to go out.

A: What are you up to?
B: <u>I'm taking</u> out the trash.

① take a shower

② go out to get some fresh air

③ wait for my husband

④ have dinner with my friends

B. Let's complete the sentences using the given verbs.

(1) He's _____ in the lake. (swim)
(2) Are you _____ on me? (hit)
(3) She's _____ with her mom. (shop)

(4) You're _____ me nuts. (drive)
(5) Are you _____ this? (use)
(6) He's _____ a presentation. (give)
(7) I'm still _____. (decide)

(8) I'm not _____ to you. (lie)
(9) I'm _____ to see this movie. (die)

(10) I'm _____ for my turn. (wait)
(11) Are you _____ coffee again? (drink)
(12) You're not _____ at all. (help)

Gotta Remember

C. Find the incorrect or less common sentences and correct them.

(1) You're seeming angry.
(2) I'm envying him so much.
(3) Is she still hunting for a new job?
(4) Something's smelling good.
(5) Are you two going steady?
(6) We're having so much in common.
(7) I'm knowing a thing or two about computers.
(8) Claire's not answering my calls.

A. 주어진 정보를 이용해 다음 대화문들을 연습해봅시다.

A: 너 지금 뭐 하고 있어? B: <u>나갈 준비 중이야.</u> A: 너 뭐 해? B: <u>쓰레기 내다 버리는 중이야.</u>	① 샤워하다 ② 바람 좀 쐬러 밖에 나가다 ③ 남편을 기다리다 ④ 친구들과 저녁을 먹다

B. 주어진 동사를 이용해 각 문장을 완성해봅시다.

• 끝이 단모음 하나와 자음 하나로 끝나는 동사들

   (1) 걘 호수에서 수영하고 있어. → 정답 : swimming (m 추가)
   (2) 너 지금 나한테 작업 거는 거야? → 정답 : hitting (t 추가)
   (3) 걘 엄마랑 쇼핑 중이야. → 정답 : shopping (p 추가)

• 끝이 "자음 + e"로 끝나는 동사들

   (4) 너 때문에 미치겠어. → 정답 : driving (e 탈락)
   (5) 너 이거 써? / 너 이거 사용하고 있는 거야? → 정답 : using (e 탈락)
   (6) 걘 발표 중이야. → 정답 : giving (e 탈락)
   (7) 나 아직 생각 중이야. / 나 아직 결정 못 했어. → 정답 : deciding (e 탈락)

• 끝이 "ie"로 끝나는 동사들

   (8) 나 너한테 거짓말하는 거 아니야. → 정답 : lying (ie → y)
   (9) 나 이 영화 보고 싶어 죽겠어. → 정답 : dying (ie → y)

• 그 외 동사들

   (10) 난 내 차례를 기다리는 중이야. → 정답 : waiting
   (11) 너 또 커피 마셔? → 정답 : drinking
   (12) 넌 전혀 도움이 안 돼. → 정답 : helping

C. 틀린(또는 덜 일반적인) 문장들을 찾아 바르게(또는 더 일반적인 문장으로) 고쳐보세요.

   (1) 너 화난 것 같아. → 정답 : You seem angry.
   (2) 난 걔가 너무 부러워. → 정답 : I envy him so much.
   (3) 걔 아직 새 일자리 찾고 있어?
   (4) 뭔가 좋은 냄새가 나. → 정답 : Something smells good.
   (5) 너희 둘이 정식으로 사귀는 거야?
   (6) 우린 닮은 구석이 참 많네. → 정답 : We have so much in common.
   (7) 내가 컴퓨터에 관해선 좀 알지. → 정답 : I know a thing or two about computers.
   (8) 클레어가 내 전화를 씹고 있어.

Check This Out

1) "진행"이라는 것은 행동에만 해당하겠죠? 따라서 "행동"과 관계없는 동사들은 원칙적으론
  진행형으로 사용할 수 없어요. 하지만, 이런 동사 중에서도 일부는 슬랭 느낌의 구어체
  에서 진행형으로 사용되기도 하죠.
    ex) I'm liking this. 이거 마음에 드는데. / 이거 좋은데.

081 Will you stop complaining?

불평 좀 그만할래?

Gotta Know

A. Let's practice the dialogues using the given information.

A: Will you <u>drive to the store</u>? B: Yes, I will.	① come back soon
	② join us tomorrow
A: Will you <u>bake cookies</u>? B: No, I won't.	③ stop by later tonight
	④ have more children

B. Let's look at the sentences on the left and make sentences on the right accordingly.

I'll clean my house.

→ I **won't** clean my house.
→ **Will you** clean your house?
→ **What** will you clean?
→ **When** will you clean your house?
→ **Who** will clean your house?

I'll wash the dishes.

(1) → _____ .
(2) → _____ ?
(3) → _____ ?
(4) → _____ ?
(5) → _____ ?

C. Let's look at the example and change the sentences accordingly.

ex) Open the window. → Will you open the window?

(1) Listen to me. → _____ ?
(2) Get over here. → _____ ?
(3) Get the phone. → _____ ?
(4) Stop complaining. → _____ ?

Gotta Remember

D. Remember what we have learned today? Complete the dialogues.

(1) A: Will you _____ ?
   B: Okay. I'll do it as soon as I finish this.

(2) A: Will you _____ ?
   B: Sorry, I'm kind of busy right now.

A. 주어진 정보를 이용해 다음 대화문들을 연습해봅시다.

A: 너 가게에 차 몰고 갈 거야? B: 응.	① 곧 돌아오다
	② 내일 우리와 함께하다 / 내일 우리와 함께 가다
A: 너 쿠키 구울 거야? B: 아니.	③ 이따 오늘 밤에 들르다
	④ 자녀를 더 갖다

B. 좌측 문장들을 참고로 하여 우측 문장들을 만들어봅시다.

나 집 청소할 거야.
→ 나 집 청소 안 할 거야.
→ 너 집 청소할 거야?
→ 너 뭘 청소할 거야?
→ 너 언제 집 청소할 거야?
→ 누가 네 집을 청소할 거야?

나 설거지할 거야.

(1) → 정답 : I won't wash the dishes.
　　　 나 설거지 안 할 거야.
(2) → 정답 : Will you wash the dishes?
　　　 너 설거지할 거야?
(3) → 정답 : What will you wash?
　　　 너 뭘 씻을 거야?
(4) → 정답 : When will you wash the dishes?
　　　 너 언제 설거지할 거야?
(5) → 정답 : Who will wash the dishes?
　　　 누가 설거지할 거야?

C. 보기를 참고로 하여 주어진 문장들을 바꿔봅시다.

ex) 창문 열어.　　→ 창문 좀 열어줄래?

(1) 내 말 좀 들어봐.　→ 정답 : Will you listen to me?　　내 말 좀 들어줄래?
(2) 이리 와.　　　　 → 정답 : Will you get over here?　 이리 좀 와줄래?
(3) 전화 받아.　　　 → 정답 : Will you get the phone?　 전화 좀 받아줄래?
(4) 불평 그만해.　　 → 정답 : Will you stop complaining?　불평 좀 그만할래?

D. 다음 대화문들은 참고용입니다. 오늘 학습한 내용을 바탕으로 자유롭게 대화를 나눠보세요.

(1) A: Will you <u>take out the trash</u>?　　　A: 쓰레기 좀 내다 버려줄래?
　　 B: Okay. I'll do it as soon as I finish this.　B: 알았어. 이거 끝내고 바로 할게.

(2) A: Will you <u>help me with something</u>?　　A: 나 뭐 좀 도와줄래?
　　 B: Sorry, I'm kind of busy right now.　　 B: 미안, 지금은 좀 바빠.

Check This Out

1) "Will you ...?"는 미래의 일을 묻기보다 무언가를 공손히, 또는 짜증 섞인 말투로 요청할 때 훨씬 자주 쓰여요.

2) 우리말의 "**전화를 받다**"라는 말은 걸려온 전화에 "**응답하다**"는 의미이기 때문에 "answer the phone"이라고 표현해요. 물론, 전화기를 드는 행동인 "pick up the phone"도 같은 의미로 사용될 수 있죠. 하지만 "**응답하다**"는 의미가 아니라 "I received a call from the IRS. (나 국세청에서 전화 왔어요.)"처럼 그냥 전화를 "**받았다**"고 말할 때는 "receive"라는 동사를 사용해야 해요. 참고로, 전화벨이 울릴 때 "**나 이 전화 받아야 해.**"라고 말할 때는 "take the call"이라는 표현을 써서 "I gotta take this call."이라고 표현해요.

082 We're gonna tie the knot.

우리 결혼할 거야.

Gotta Know

A. Let's practice the dialogue using the given information.

A: What're you gonna do today?
B: I'm gonna take my kids to the movies.

① get the groceries
② get a haircut
③ go on a date with Emma
④ go work out

B. Let's look at the sentences in the box and make sentences accordingly.

I'm gonna buy a car this month.
→ I'm **not** gonna buy a car this month.
→ **Are** you gonna buy a car this month?
→ **What**'re you gonna buy this month?
→ **When**'re you gonna buy a car?

I'm gonna teach him how to swim today.
→ (1) _____ .
→ (2) _____ ?
→ (3) _____ ?
→ (4) _____ ?

Gotta Remember

C. Remember what we have learned today? Complete the dialogues.

(1) A: Are you gonna _____ ?
　　B: I'm not sure.

(2) A: Are you gonna _____ ?
　　B: I think so.

D. Answer the question below.

Q: What're you gonna do this weekend?
A: _____ .

42　　We're gonna tie the knot.

A. 주어진 정보를 이용해 다음 대화문을 연습해봅시다.

> A: 너 오늘 뭐 할 거야?
> B: 애들 데리고 극장에 갈 거야.

| ① 장을 보다 | ③ 엠마와 데이트하다 |
| ② 이발하다 | ④ 운동하러 가다 |

B. 상자 속 문장들을 참고로 하여 문장들을 만들어봅시다.

> 나 이번 달에 차 살 거야.
> → 나 이번 달에 차 안 살 거야.
> → 너 이번 달에 차 살 거야?
> → 너 이번 달에 뭐 살 거야?
> → 너 언제 차 살 거야?

나 오늘 걔한테 수영하는 법 가르쳐줄 거야.

(1) → 정답 : I'm **not** gonna teach him how to swim today.
　　　　나 오늘 걔한테 수영하는 법 안 가르쳐줄 거야.

(2) → 정답 : **Are** you gonna teach him how to swim today?
　　　　너 오늘 걔한테 수영하는 법 가르쳐줄 거야?

(3) → 정답 : **What're** you gonna teach him today?
　　　　너 오늘 걔한테 뭐 가르쳐줄 거야?

(4) → 정답 : **When're** you gonna teach him how to swim?
　　　　너 걔한테 수영하는 법 언제 가르쳐줄 거야?

C. 다음 대화문들은 참고용입니다. 오늘 학습한 내용을 바탕으로 자유롭게 대화를 나눠보세요.

(1) A: Are you gonna <u>show up for class today</u>? 　 A: 너 오늘 수업 올 거야?
　　 B: I'm not sure. 　　　　　　　　　　　　　　 B: 잘 모르겠어.

(2) A: Are you gonna <u>stick around here a little longer</u>? A: 너 여기 좀 더 있다가 갈 거야?
　　 B: I think so. 　　　　　　　　　　　　　　　 B: 그럴 거 같아.

D. 다음 응답은 참고용입니다. 질문에 자유롭게 응답해보세요.

Q: What're you gonna do this weekend? 　 Q: 당신은 이번 주말에 무엇을 할 건가요?
A: <u>I'm gonna hang out with my old friends.</u> A: 옛 친구들 만나서 놀 거예요.

Check This Out

1) "will"과 "be going to" 모두 미래를 표현하지만 이미 계획된 일, 이미 알고 있는 일 등을 말할 때는 "will"이 아닌 "be going to"를 사용하는 것이 더 일반적이에요. 반면, "will"은 말하는 그 순간에 떠오른 즉흥적인 계획이나 예상을 표현할 때 더 많이 사용되죠. 게다가, "will"은 힘주어 말할 경우 말하는 이의 의지가 느껴지기도 한답니다. 하지만 일상적인 대화에서는 이런 차이를 따지지 않고 미래의 일을 말할 땐 입버릇처럼 "be going to"를 선호하는 경향이 있어요.

2) 대화 시 "going to"는 줄여서 "gonna(거너)"로 발음되는 경우가 상당히 많아요. 편한 대화에서는 거의 대부분 "gonna"로 발음된다고 볼 수 있죠. 심지어 미국에서는 채팅과 같은 비격식적인 글을 쓸 때도 "going to"를 "gonna"라고 표현하기도 해요.

I'm about to pass out.

(나) 쓰러지기 일보 직전이야.

Gotta Know

A. Let's practice the dialogue using the given information.

> A: What're you up to now?
> B: I'm about to <u>hit the gym</u>.

> ① step out
> ② eat breakfast
> ③ go out to dinner
> ④ text Sam

B. Let's look at the example and change the sentences accordingly.

ex) I'm gonna go to work real soon.   → I'm (**just**) about to go to work.

(1) I'm gonna go to lunch real soon.   → _____.
(2) I'm gonna hit the sack real soon.   → _____.
(3) I'm gonna hit the shower real soon. → _____.
(4) I'm gonna leave for work real soon. → _____.

Gotta Remember

C. Complete the dialogues with the expressions in the box.

> go crazy   call it a night
> throw up   fall over dead

(1) A: I'm about to _____.
    B: You're sick? What did you have for breakfast?

(2) A: Are you tired?
    B: I'm just about to _____.

(3) A: What's going on with Kelly? It looks like
       she's just about to _____.
    B: I think she lost her diamond ring.

(4) A: Can I come over?
    B: We're just about to _____.

A. 주어진 정보를 이용해 다음 대화문을 연습해봅시다.

A: 너 지금 뭐 해? B: 헬스장에 가서 운동하려는 참이야.	① 나가다	③ 저녁 먹으러 나가다
	② 아침을 먹다	④ 쌤에게 문자를 보내다

B. 보기를 참고로 하여 주어진 문장들을 바꿔봅시다.

ex) 나 곧 출근할 거야. → 나 이제 막 출근하려던 참이야.

(1) 나 곧 점심 먹으러 갈 거야. → 정답 : I'm (just) about to go to lunch.
나 이제 막 점심 먹으러 가려는 참이야.

(2) 나 곧 잠자리에 들 거야. → 정답 : I'm (just) about to hit the sack.
나 이제 막 잠자리에 들려는 참이야.

(3) 나 곧 샤워할 거야. → 정답 : I'm (just) about to hit the shower.
나 이제 막 샤워하려는 참이야.

(4) 나 곧 일 나갈 거야. → 정답 : I'm (just) about to leave for work.
나 이제 막 일 나가려는 참이야.

C. 상자 속 표현들을 이용해 다음 각 대화문을 완성해보세요.

go crazy 미치다	call it a night 끝내다
throw up 토하다	fall over dead 죽다

(1) A: 나 토하기 일보 직전이야. → 정답 : throw up
B: 아파? 아침에 뭐 먹었길래?

(2) A: 너 피곤해? → 정답 : fall over dead
B: 쓰러져서 돌아가시기 일보 직전이야.

(3) A: 켈리 왜 저래? 미쳐버리기 일보 직전인 거 같아. → 정답 : go crazy
B: 걔 다이아몬드 반지를 잃어버렸나 봐.

(4) A: 나도 가도 돼? → 정답 : call it a night
B: 우린 이제 그만 놀고 헤어지려는 참인데.

Check This Out

1) 미래의 일을 말할 때는 "be about to ..."를 활용할 수도 있어요. 이는 "막 ~하려는 참이야", "~하려고 해", "~하기 일보 직전이야"라는 뜻으로, 시기적으로 가장 가까운 미래를 표현하는 방법이죠. "about" 앞에 "just"를 붙여서 의미를 더욱 강조하기도 해요.

2) "토하다", "게우다"라는 뜻의 표현으로는 "vomit"이라는 단어가 있지만, 대화 시에는 이보다 "throw up"이나 "puke"라는 표현을 더 많이 사용해요. "(먹은 것을) 올리다"라는 느낌이라서 비격식적인 대화에 어울리는 표현이죠.

084 What brought you here?

네가 여긴 어쩐 일이야?

Gotta Know

A. Let's complete the sentences using the past forms of the given verbs.

(1) You _____ me! (use)
(2) She _____ me. (deceive)

(3) I _____ about you. (worry)
(4) I _____ my eyes out. (cry)

(5) I _____ breakfast today. (skip)
(6) Excuse me, you _____ this. (drop)

(7) I _____ it first. (call)
(8) Sorry, I _____ your call. (miss)

B. Let's look at the example and make questions accordingly.

ex) I **lost** my wallet today.   → What **did** you **lose** today?

(1) I had a cooking class yesterday. → When _____ you _____?
(2) He bought a used car. → What _____?
(3) She ate breakfast at home. → Where _____?
(4) Bill did this to me. → Who _____ you?

Gotta Remember

C. Answer the questions below.

(1) Q: Did you have breakfast today?
   A: _____.

(2) Q: What did you do this morning?
   A: _____.

A. 주어진 동사의 과거형을 이용해 다음 문장들을 완성해봅시다.

- 끝이 "e"로 끝나는 동사들 → 끝에 "-d"만 붙임
  - (1) 넌 날 이용했어!　　　　　　　　　　　→ 정답 : used
  - (2) 걔가 나 속였어.　　　　　　　　　　　→ 정답 : deceived
- 끝이 "자음 + y"로 끝나는 동사들 → "y"를 "i"로 바꾸고 끝에 "-ed" 붙임
  - (3) (나) 네 걱정했어.　　　　　　　　　　→ 정답 : worried
  - (4) 난 눈이 퉁퉁 붓도록 울었어. / 난 펑펑 울었어.　→ 정답 : cried
- 끝이 단모음 하나와 단일 자음(x 제외) 하나로 끝나는 동사들
  → 끝 자음을 하나 더 써주고 끝에 "-ed" 붙임
  - (5) 난 오늘 아침 못 먹었어.　　　　　　　→ 정답 : skipped
  - (6) 저기요, 이거 떨어뜨리셨어요.　　　　　→ 정답 : dropped
- 그 외 동사들 → 끝에 "-ed"만 붙임
  - (7) 내가 먼저 찜했어.　　　　　　　　　　→ 정답 : called
  - (8) 미안, 네 전화 못 받았네.　　　　　　　→ 정답 : missed

B. 보기를 참고로 하여 질문들을 만들어봅시다.

ex) 나 오늘 지갑 잃어버렸어.　　→ 너 오늘 뭐 잃어버렸어?

(1) 나 어제 요리 수업 있었어.　　→ 정답 : When did you have a cooking class?
　　　　　　　　　　　　　　　　　너 언제 요리 수업 있었어?

(2) 걘 중고차를 한 대 샀어.　　　→ 정답 : What did he buy?
　　　　　　　　　　　　　　　　　걔 뭐 샀어?

(3) 걘 집에서 아침 먹었어.　　　→ 정답 : Where did she eat breakfast?
　　　　　　　　　　　　　　　　　걔 어디서 아침 먹었어?

(4) 빌이 나한테 이랬어.　　　　　→ 정답 : Who did this to you?
　　　　　　　　　　　　　　　　　누가 너한테 이랬어?

C. 다음 응답들은 참고용입니다. 각 질문에 자유롭게 응답해보세요.

(1) Q: Did you have breakfast today?　　　Q: 당신은 오늘 아침을 먹었나요?
　　A: <u>No, I didn't. I usually don't eat breakfast.</u>　A: 아뇨. 전 보통 아침을 안 먹어요.

(2) Q: What did you do this morning?　　　Q: 당신은 오늘 아침에 무엇을 했나요?
　　A: <u>I baked some cookies for my kids.</u>　　A: 애들 주려고 쿠키를 좀 구웠어요.

Check This Out

1) 일반동사 중에는 과거형으로 변할 때 끝에 "-ed"가 붙는 것들도 있지만, "lost", "had", "bought", "ate", "did"처럼 아예 스펠링이 달라지는 것들도 있어요. 후자의 경우는 새로운 것들을 맞닥뜨릴 때마다 외워주는 수밖에 없죠.

2) "Who did this to you?"처럼 의문의 대상이 주어인 경우, 즉 어떤 행동, 정체, 상태 등의 주인공을 모르는 경우에는 주어만 의문사로 바꿔주면 돼요.
　　ex) Ethan farted. (이선이 방귀 뀌었어.)　→ Who farted? (누가 방귀 뀌었어?)

085 I thought I would die of shock.
난 충격받아서 죽는 줄 알았어.

Gotta Know

A. Use the *Cheat Box* to fill in the blanks.

(1) I was born in 1988.

(2) My son _____ elementary school at the age of six.

(3) My daughter _____ to college at Stanford University.

(4) I'm graduating this summer.

(5) I need to get a real job.

(6) We _____ five years to have a baby.

(7) My wife is pregnant.

(8) My wife is due in three weeks.

(9) My wife _____ birth to a cute little princess.

(10) I'd like to retire in two years.

(11) Mr. Thompson _____ away last year.

(12) One of my cousins died _____ cancer five years ago.

(13) My uncle died _____ a car accident.

(14) If I don't slow down, I will die _____ overwork.

(15) Steve Jobs died so young.

Cheat Box

in
of
from
gave
went
tried
passed
started

Gotta Remember

B. Complete the dialogues.

(1) A: How far along are you?
B: What!? I'm not _____.
A: Oops. Sorry.

(2) A: When did he pass away?
B: Last December. He _____ natural causes.

C. Answer the questions below.

(1) Q: How many children do you want to have?
A: _____.

(2) Q: What would you like to do after retirement?
A: _____.

A. 다음은 사람의 일생과 관련된 유용한 표현들입니다. Cheat Box 속 표현들로 빈칸을 채워보세요.

(1) 난 1988년도에 태어났어.

(2) 내 아들은 6살 때부터 초등학교에 다녔어. → 정답 : started

(3) 내 딸은 스탠퍼드 대학교에서 대학을 다녔어. → 정답 : went

(4) 나 이번 여름에 졸업해.

(5) 난 제대로 된 직장을 구해야 해.

(6) 우린 아이를 가지려고 5년 동안 노력했어. → 정답 : tried

(7) 내 아내가 임신했어.

(8) 내 아내는 3주 후에 출산이야.

(9) 내 아내가 귀여운 아기 공주님을 낳았어. → 정답 : gave

(10) 난 2년 있다가 은퇴하고 싶어.

(11) 톰슨 씨는 작년에 돌아가셨어. → 정답 : passed

(12) 내 사촌 중 하나는 5년 전 암으로 죽었어. → 정답 : of

(13) 우리 삼촌은 차 사고로 돌아가셨어. → 정답 : in

(14) (난) 이렇게 일만 하다간 과로로 죽을 거야. → 정답 : from

(15) 스티브 잡스는 아주 이른 나이에 죽었어.

B. 알맞은 표현으로 다음 각 대화문을 완성해보세요.

(1) A: 몇 주 됐어요? → 정답 : pregnant
B: 뭐라고요!? 저 임신한 거 아니에요.
A: 이크. 죄송해요.

(2) A: 그분은 언제 돌아가신 거야? → 정답 : died of
B: 작년 12월에. 딱히 큰 질병이나 사고 없이
편안히 돌아가셨어.

C. 다음 응답들은 참고용입니다. 각 질문에 자유롭게 응답해보세요.

(1) Q: How many children do you want to have?　Q: 당신은 자녀를 몇이나 갖고 싶어요?
A: Two children, a boy and a girl. I wouldn't　A: 둘요. 아들 하나, 딸 하나. 하지만
mind having one or two more, though.　하나나 둘 정도는 더 있어도
　괜찮을 것 같아요.

(2) Q: What would you like to do after retirement?　Q: 당신은 은퇴 후에 뭘 하고 싶어요?
A: I want to go around the world and help　A: 전 세계를 돌아다니며 도움이
people in need.　필요한 사람들을 돕고 싶어요.

Check This Out

1) 질병, 굶주림, 충격 등으로 사망한 경우에는 "die of ...", 사고로 사망한 경우에는 "die in ...",
그 외 "과로사"나 "익사" 같은 경우엔 "die from ..."이라고 표현해요. 또한, 어떠한 상태로
죽는다고 말할 때는 "die + 형용사"의 형태로 표현하죠.

086 When's the big day?

결혼식이 언제야?

Gotta Know

A. Use the *Cheat Box* to fill in the blanks.

Cheat Box		
tied	popped	divorced
asked	engaged	separated

  (1) Will you marry me?

  (2) Let's get married!

  (3) I _____ the question last night.

  (4) Guess what? He _____ me to marry him.

  (5) I'm going to propose to her tonight.

  (6) We got _____. We're getting married in July.

  (7) John and Jill are engaged.

  (8) I got married last year.

  (9) They _____ the knot last Sunday.

(10) We went to the Maldives on our honeymoon.

(11) They're not divorced. They're just _____.

(12) They went their separate ways. They got _____ last year.

B. Let's try matching the words or phrases in the boxes to complete the sentences as in the example.

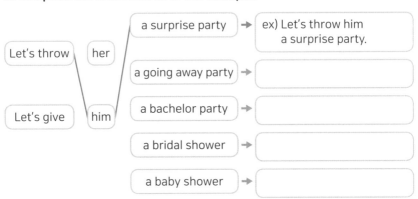

Gotta Remember

C. Answer the question below.

  Q: When did you get married? If you're still single, when would you like to get married?

  A: _____.

A. 다음은 결혼과 관련된 유용한 표현들입니다. Cheat Box 속 표현들로 빈칸을 채워보세요.

(1) 나랑 결혼해줄래? (= 저와 결혼해주시겠어요?)

(2) 결혼하자. (= 식 올리자.)

(3) 나 어젯밤에 청혼했어. → 정답 : popped

(4) 있잖아, 그 사람이 자기랑 결혼하재. → 정답 : asked

(5) 나 오늘 밤에 그녀에게 청혼할 거야.

(6) 우린 약혼했어. 7월에 결혼해. → 정답 : engaged

(7) 존은 질과 약혼한 사이야.

(8) 난 작년에 결혼했어.

(9) 걔넨 지난 일요일에 결혼했어. → 정답 : tied

(10) 우린 몰디브로 신혼여행을 다녀왔어.

(11) 걔넨 이혼 안 했어. 그냥 별거 중이야. → 정답 : separated

(12) 걔넨 갈라섰어. 작년에 이혼했어. → 정답 : divorced

B. 다음 문장들은 참고용입니다. 표현들을 조합해 자유롭게 문장을 만들어봅시다.

Let's throw him a surprise party. 걔한테 깜짝 파티 열어주자.

Let's give her a going away party. 걔한테 송별 파티 열어주자.

Let's throw him a bachelor party. 걔한테 총각 파티 열어주자.

Let's throw her a bridal shower. 걔한테 예비 신부 축하 파티 열어주자.

Let's give her a baby shower. 걔한테 출산 축하 파티 열어주자.
／ 걔한테 임신 축하 파티 열어주자.

(※ 세 번째 ~ 다섯 번째 문장에서 "him"과 "her"은 바뀔 수 없음.)

C. 다음 응답은 참고용입니다. 질문에 자유롭게 응답해보세요.

Q: When did you get married? If you're still single, when would you like to get married?

A: I'm still single, but I want to get married before 30 if at all possible.

Q: 당신은 언제 결혼했나요? 아직 미혼이라면 언제 결혼하고 싶나요?

A: 전 아직 미혼인데, 가능하면 서른이 되기 전에 결혼하고 싶어요.

Check This Out

1) 누군가에게 "파티를 열어주다"라고 할 때는 "We're thinking about throwing a party for her. (우린 걔한테 파티를 열어줄까 생각 중이야.)"처럼 "~에게"에 해당하는 부분을 뒤에 표현하기도 해요. 이때는 전치사 "for"를 동반해야 하죠.

2) 예비 신부에게 선물을 주며 축하해주는 파티를 "예비 신부 축하 파티(bridal shower)"라고 해요. "선물 세례(shower)"로 곧 품절녀가 될 친구를 위로하고 축하해주는 파티이죠.

3) "baby shower"란 출산이 임박한 산모나 갓 태어난 아기를 축하해주기 위한 "출산(임신) 축하 파티"를 말해요. 주로 초보 엄마가 되기 전에 산모의 친구들과 지인들이 모여 교훈과 노하우를 나누는 게 목적이지만, 엄청난 선물도 빠지지 않죠.

087 Can it wait?
(그거) 꼭 지금 해야 해?

Gotta Know

A. Use the *Cheat Box* to fill in the blanks.

  (1) I can _____ that.
  (2) I can _____ care of myself.
  (3) I can't _____ right now.
  (4) I can't _____ off my cold.
  (5) You can't even imagine!
  (6) Can I _____ there?
  (7) Can you _____ which is which?
  (8) Can it _____?
  (9) What can I say?
 (10) How can I reach you?
 (11) How can I _____ it up to you?

Cheat Box			
see	take	tell	walk
make	talk	wait	shake

B. Let's look at the example and make questions accordingly.

  ex) I can pick you up at seven.　　→ What time can you pick me up?

  (1) You can meet him at his office now. → Where _____ I _____?
  (2) We can drop by there after lunch.　→ When _____?
  (3) She can play guitar.　　　　　　　→ What _____?
  (4) He can speak German.　　　　　　 → Who _____?

Gotta Remember

C. Answer the questions below.

  (1) Q: Can you swim?
　　A: _____.

  (2) Q: Can you cook?
　　A: _____.

  (3) Q: Can you drive?
　　A: _____.

A. 다음은 "can"을 이용한 유용한 표현들입니다. Cheat Box 속 표현들로 빈칸을 채워보세요.

(1) (난) 알 것 같아. / (난) 알겠어. / (보아하니) 그런 것 같네. → 정답 : see
(2) 난 내 앞가림은 할 수 있어. → 정답 : take
(3) (나) 지금은 통화하기가 곤란해. / (나) 지금은 얘기 못 해. → 정답 : talk
(4) 감기가 떨어지지가 않네. → 정답 : shake
(5) 넌 상상도 못 할 거야.
(6) 거기까지 걸을만한 거리야? → 정답 : walk
(7) (너) 어느 게 어느 건지 구분할 수 있어? → 정답 : tell
(8) 그거 꼭 지금 해야 하는 거야? → 정답 : wait
(9) 어쩌겠어?
(10) 내가 너한테 어떻게 연락하면 될까?
(11) 내가 어떻게 하면 너한테 신세를 갚을 수 있을까? → 정답 : make
    / 내가 어떻게 하면 너한테 만회할 수 있을까?

B. 보기를 참고로 하여 질문들을 만들어봅시다.

ex) 나 너 7시에 픽업할 수 있어. → 너 나 몇 시에 픽업할 수 있어?

(1) 지금 걔 사무실에 가면 걔 만날 수 있어. → 정답 : Where can I meet him now?
   걔 지금 어디 가면 만날 수 있어?

(2) 우린 점심 이후에 거기 들를 수 있어. → 정답 : When can we drop by there?
   우리 거기 언제 들를 수 있어?

(3) 걘 기타를 칠 수 있어. → 정답 : What can she play?
   걘 뭘 연주할 수 있어?

(4) 걘 독일어를 할 수 있어. → 정답 : Who can speak German?
   누가 독일어 할 수 있어?

C. 다음 응답들은 참고용입니다. 각 질문에 자유롭게 응답해보세요.

(1) Q: Can you swim?
   A: No, I can't. I hate the water.

   Q: 당신은 수영할 수 있나요?
   A: 아뇨. 전 물을 싫어해요.

(2) Q: Can you cook?
   A: Not really. I'm actually a terrible cook.

   Q: 당신은 요리할 수 있나요?
   A: 딱히 잘 못해요. 사실 요리는 정말 꽝이에요.

(3) Q: Can you drive?
   A: I do have a driver's license, but I'm a Sunday driver.

   Q: 당신은 운전할 수 있나요?
   A: 면허증은 있는데 초보예요.

Check This Out

1) "거기에 도착하다"라고 말할 때에는 "도착하다"라는 뜻의 동사 "arrive"를 써서 "arrive there"이라고 표현하는 게 기본이겠지만 이는 다소 격식적으로 들려요. 실제 대화 시에는 "get there"라는 표현을 훨씬 더 많이 사용하죠. 또한, 이미 예정된 중요한 약속이나 회의 등에 참석할 때는 "make it there"라는 표현도 자주 사용해요.

088 Can you wait just one minute?
잠깐만 기다려줄래?

Gotta Know

A. Let's practice the dialogues. Replace the underlined sentences with the ones in the *Ready-to-Use Boxes*.

(1) A: <u>Need some help?</u>
    B: No. I've got it.

Ready-to-Use Box
Need a hand?
Want some help?
Need my help?
Can I help you?
Anything you need help with?

(2) A: <u>Can you lend me a hand?</u>
    B: You bet I can. Just give me a sec.

Ready-to-Use Box
Can you help me?
Can you give me a hand?
Can you give me some help?
Can you do me a solid?
Can you do me a favor?
Could you do me a favor?

B. Let's look at the example and change the sentences accordingly.

ex) Drop me off over there. → Can you drop me off over there?

(1) Show me how.   → _____ ?
(2) Ask around.   → _____ ?
(3) Set me up on a date.   → _____ ?
(4) Save a seat for me.   → _____ ?

Gotta Remember

C. Change the underlined parts.

A: Can you <u>do a favor for me</u>?
B: <u>That depends. What is it?</u>

A. Ready-to-Use Box 속 표현들로 밑줄 부분을 바꿔가며 대화문들을 연습해봅시다.

(1) A: <u>좀 도와줄까?</u>
    B: 아니. 내가 할 수 있어.

Need a hand?	좀 도와줄까? / 도움 필요해?
Want some help?	좀 도와줄까?
Need my help?	내가 도와줄까? / 내 도움 필요해?
Can I help you?	내가 너 도와줄까?
Anything you need help with?	도움 필요한 거 있어?

(2) A: <u>나 좀 도와줄래?</u>
    B: 물론이지. 잠시만.

Can you help me?	나 좀 도와줄래?
Can you give me a hand?	나 좀 도와줄래?
Can you give me some help?	나 좀 도와줄래?
Can you do me a solid?	나 좀 도와줄래?
Can you do me a favor?	내 부탁 좀 들어줄래?
Could you do me a favor?	제 부탁 좀 들어줄래요?

B. 보기를 참고로 하여 주어진 문장들을 바꿔봅시다.

ex) 나 저기서 내려줘.　　　　→ 나 저기서 좀 내려줄래?

(1) 나한테 어떻게 하는지 보여줘.　→ 정답 : Can you show me how?
　　　　　　　　　　　　　　　　　나한테 어떻게 하는지 좀 보여줄래?

(2) 주변에 알아봐 줘.　　　　　　→ 정답 : Can you ask around?
　　　　　　　　　　　　　　　　　주변에 좀 알아봐 줄래?

(3) 나 소개팅 시켜줘.　　　　　　→ 정답 : Can you set me up on a date?
　　　　　　　　　　　　　　　　　나 소개팅 좀 시켜줄래?

(4) 내 자리 하나 맡아줘.　　　　　→ 정답 : Can you save a seat for me?
　　　　　　　　　　　　　　　　　내 자리 하나 좀 맡아줄래?

C. 밑줄 부분을 바꿔가며 자유롭게 대화를 나눠보세요.

A: 내 부탁 하나만 들어줄래?
B: 어떤 부탁인지 봐서. 뭔데?

Check This Out

1) "**Can you ...?**"는 단순히 상대방의 능력이 궁금할 때도 사용할 수 있지만, 무언가를 부탁하려고 할 때 사용하는 경우가 더 많아요. 즉, "~해줄래?"라는 뜻이죠.

2) 도움을 제안할 때는 다음과 같이 표현할 수도 있어요.
   - I'll help you out.　　　　　　　　내가 (너) 도와줄게.
   - Let me help you.　　　　　　　　　내가 (너) 도와줄게.
   - Let me help.　　　　　　　　　　　내가 도와줄게.
   - Let me help you with that.　　　　내가 너 그거 하는 거 도와줄게.
   - Let me give you a hand.　　　　　　내가 너 도와줄게.

089 Can I come in for a sec?

잠시 들어가도 돼?

Gotta Know

A. Let's find which of the phrases in the box can be used to replace the underlined parts.

(1) A: Can I <u>get a bigger bag</u>?
B: No problem. Here you go.

(2) A: Can I <u>get you something to eat</u>?
B: No, I'm cool.

(3) A: Can I <u>watch TV</u>?
B: Sure, go ahead.

① buy you a cup of coffee
② take the next three days off
③ get a refill
④ carry your bag
⑤ bum a smoke
⑥ ask you an easy question
⑦ take a look at your pictures
⑧ get a box for this
⑨ give you a hand

B. Let's look at the example and change the sentences accordingly.

ex) Can I use your bathroom? → May I use your bathroom?

(1) Can I borrow a pencil? → _____ ?
(2) Can I try this on? → _____ ?
(3) Can I help you with anything? → _____ ?
(4) Can I ask you a personal question? → _____ ?

Gotta Remember

C. Change the underlined parts.

(1) A: Can I <u>borrow your car</u>?
B: Fat chance.

(2) A: Can I <u>have a minute</u>?
B: Why not?!

A. 각 대화문의 밑줄 부분에 대신 들어갈 수 있는 표현들을 우측 상자 속에서 찾아봅시다.

(1) A: 더 큰 봉투로 줄 수
    있나요?
    B: 그럼요. 자, 여기요.

(2) A: 뭐 먹을 것 좀 갖다
    줄까?
    B: 아니, 괜찮아.

(3) A: TV 봐도 돼요?
    B: 응, 그래.

① buy you a cup of coffee　　　네게 커피 한 잔 사다
② take the next three days off　내일부터 사흘간 휴가 내다
③ get a refill　　　　　　　　　리필을 받다
④ carry your bag　　　　　　　네 가방을 들어주다
⑤ bum a smoke　　　　　　　　담배 한 대 빌리다
⑥ ask you an easy question　　네게 쉬운 질문 하나 하다
⑦ take a look at your pictures　네 사진들을 보다
⑧ get a box for this　　　　　　이거 담게 상자 하나 얻다
⑨ give you a hand　　　　　　　네게 도움을 주다

→ 정답 : (1)번 대화문(요청)에 어울리는 표현들 - ③,⑤,⑧
　　　　　(2)번 대화문(제안)에 어울리는 표현들 - ①,④,⑨
　　　　　(3)번 대화문(허락)에 어울리는 표현들 - ②,⑥,⑦

B. 보기를 참고로 하여 주어진 문장들을 바꿔봅시다.

ex) 화장실 좀 써도 돼?　　　　　　→ 화장실 좀 써도 될까요?

(1) 연필 하나 빌려도 돼　　　　　　→ 정답 : May I borrow a pencil?
　　　　　　　　　　　　　　　　　　연필 하나 빌려도 될까요?

(2) 이것 좀 입어 봐도 돼?　　　　　→ 정답 : May I try this on?
　　　　　　　　　　　　　　　　　　이것 좀 입어 봐도 될까요?

(3) 내가 뭐 도와줄 거 있어?　　　　→ 정답 : May I help you with anything?
　　　　　　　　　　　　　　　　　　제가 뭐 도와드릴 거 있나요?

(4) 너한테 사적인 질문 하나 해도 돼?　→ 정답 : May I ask you a personal question?
　　　　　　　　　　　　　　　　　　당신에게 사적인 질문 하나 해도 될까요?

C. 밑줄 부분을 바꿔가며 자유롭게 대화를 나눠보세요.

(1) A: 차 좀 빌려줄래?　　　　　　(2) A: 잠시 쉬어도 돼?
　　B: 어림도 없어.　　　　　　　　　B: 물론이지.

Check This Out

1) "Can I ...?"는 현대 영어에서 "May I ...?"를 대신해 허락을 구하는 의미로 사용되는 경우가
많아요. 그 외에도 상대방으로부터 뭔가를 "**요청**"하거나, 반대로 상대방에게 무언가를
"**제안**"할 때도 사용되죠. 참고로, 일상적인 대화에서 허락을 구할 때는 "**can**"을 사용하는
것이 더 자연스러우며, 공손하게 말해야 할 때는 "**may**"를 사용하는 것이 더 좋아요.

2) 가까운 사이에서 부탁을 거절할 때는 다음과 같은 표현들을 사용할 수 있어요.

• No way!　　　　　　　　　　절대 안 돼! / 싫어! / 그럴 리가! / 설마! / 말도 안 돼!
• Fat chance!　　　　　　　　　개 풀 뜯어 먹는 소리 하네!
• In your dreams!　　　　　　　잠꼬대 같은 소리 하고 있네!
• Hell no! / Heck no!　　　　　절대 안 돼!
• Yeah, right!　　　　　　　　　퍽이나 허락하겠네!
• Like I'm gonna say yes!　　　내가 퍽이나 그러라고 하겠네!

You might be right.

네 말이 맞을지도 모르겠네.

Gotta Know

A. Let's practice the dialogues using the given information.

A: Any special plans for tonight?
B: Not really. I might <u>go to the grocery store</u>, though.

A: I may **not** <u>go fishing</u> tomorrow night.
B: Why not?
A: Something important has come up.

① meet up with Bella

② go to the movies

③ go to Jim's place

④ go shoe shopping

B. Let's look at the example and change the sentences accordingly.

ex) He might be there now. → He could be there now.

(1) You might get hurt.   → _____.
(2) She might say no.   → _____.
(3) He might be waiting for us. → _____.
(4) This might take a while.   → _____.

Gotta Remember

C. Complete the dialogues with the expressions in the box.

| rain later   lose your job   swing by there   change his mind |

(1) A: I'm taking off now. I'll see you tonight.
    B: Take this umbrella.
       It could _____ tonight.

(2) A: I might _____ today
       to drop off your book.
    B: What time?

(3) A: He might _____.
    B: Again? He's so fickle.

(4) A: I often forget to set the alarm.
    B: Watch out. You might _____.

A. 주어진 정보를 이용해 다음 대화문들을 연습해봅시다.

A: 오늘 밤에 뭐 특별한 계획 있어?
B: 아니, 딱히 없어. 하지만 마트엔 갈지도 몰라.

A: 나 내일 밤에 낚시하러 안 갈 수도 있어.
B: 왜? (왜 못 가?)
A: 중요한 일이 생겼어.

① 벨라와 만나다
② 영화 보러 가다
③ 짐의 집에 가다
④ 신발 사러 가다

B. 보기를 참고로 하여 주어진 문장들을 바꿔봅시다.

ex) 걔 지금 거기 있을지도 몰라.　　　　→ 걔 지금 거기 있을 수도 있어.

(1) 너 다칠 수도 있어.　　　　　　　　→ 정답 : You could get hurt.
(2) 그녀가 거절할지도 몰라.　　　　　　→ 정답 : She could say no.
(3) 걔가 우릴 기다리고 있을지도 몰라.　→ 정답 : He could be waiting for us.
(4) 이건 시간이 좀 걸릴 수도 있어.　　　→ 정답 : This could take a while.

C. 상자 속 표현들을 이용해 다음 각 대화문을 완성해보세요.

| rain later | 이따가 비가 오다 | swing by there | 거기에 들르다 |
| lose your job | 네 직장을 잃다 | change his mind | 그의 마음을 바꾸다 |

(1) A: 나 이만 가보려고. 저녁에 봐.　　　　　　→ 정답 : rain later
　　B: 이 우산 챙겨가. 이따 밤에 비 올 수도 있어.

(2) A: 나 오늘 네 책 갖다 주러 거기 들를 수도 있어.　→ 정답 : swing by there
　　B: 몇 시?

(3) A: 그가 생각을 바꿀지도 몰라.　　　　　　→ 정답 : change his mind
　　B: 또? 그는 너무 변덕이 심해.

(4) A: 난 가끔 알람 맞추는 걸 깜박해.　　　　→ 정답 : lose your job
　　B: 조심해. 너 그러다가 회사 잘리는 수가 있어.

Check This Out

1) 한때는 "might"가 "may"보다 가능성이 더 낮다고 보는 사람들이 있었지만, 현대 영어에서는 가능성을 말할 때 이 두 표현을 거의 같다고 봐요.

2) 가능성을 말할 땐 "maybe"나 "perhaps"와 같은 부사를 사용하기도 하는데, "maybe"는 일반적인 대화 시에, "perhaps"는 격식적인 자리에서 더 많이 사용되는 경향이 있어요. 참고로, "그럴 수도 있고, 아닐 수도 있어."라고 말하고 싶을 때는 "Maybe, maybe not." 이라고 표현해요.

　ex) Maybe he's sleeping.　　걘 아마도 자고 있나 봐.

Can I speak to Tyler?
타일러와 통화 좀 할 수 있을까요?

A. Let's practice the dialogues. Replace the underlined sentences with the ones in the *Ready-to-Use Boxes*.

(1) A: Hello?
    B: Hello. <u>Can I speak to Tyler?</u>
    A: This is he. Who's this?
    B: Hey, Tyler. It's me, Chelsea.

Ready-to-Use Box
Can I talk to Tyler?
May I speak to Tyler?
May I speak with Tyler?
I'd like to speak to Tyler, please.
Is Tyler there?

(2) A: May I speak to Amy, please?
    B: <u>This is she.</u>

Ready-to-Use Box
This is Amy.
(Amy) Speaking.
You're speaking with her.

(3) A: <u>May I ask who's calling, please?</u>
    B: This is Jeff (calling) from the Sales Department.

Ready-to-Use Box
Who's calling, please?
Who's speaking, please?
Who am I talking to?
Who's this?

Gotta Remember

B. Remember what we have learned today? Complete the dialogue.

A: Hello?
B: Hello. _____ Mrs. Nelson?
A: This is _____. _____?
B: This is _____.

C. Answer the question below.

Q: Who do you talk to on the phone the most?
A: _____.

A. Ready-to-Use Box 속 표현들로 밑줄 부분을 바꿔가며 대화문들을 연습해봅시다.

(1) A: 여보세요?
　　B: 안녕하세요. 타일러와
　　　 통화 좀 할 수 있을까요?
　　A: 전데요. 누구시죠?
　　B: 안녕, 타일러. 나야, 첼시.

Can I talk to Tyler?	타일러 좀 바꿔줄래?
May I speak to Tyler?	타일러 좀 바꿔줄래요?
May I speak with Tyler?	타일러 좀 바꿔줄래요?
I'd like to speak to Tyler, please.	타일러 좀 바꿔주시겠어요?
Is Tyler there?	타일러 (거기) 있어?

(2) A: 에이미 좀 바꿔주시겠어요?
　　B: 전데요.

This is Amy.	전데요. / 제가 에이미인데요.
(Amy) Speaking.	전데요.
You're speaking with her.	제가 그 사람인데요.

(3) A: (전화 주신 분이)
　　　누구신지 여쭤봐도
　　　될까요?
　　B: 영업부의 제프입니다.

Who's calling, please?	(전화 주신 분은) 누구시죠?
Who's speaking, please?	(전화 주신 분은) 누구시죠?
Who am I talking to?	누구시죠?
Who's this?	누구시죠?

B. 다음 대화문은 참고용입니다. 오늘 학습한 내용을 바탕으로 자유롭게 대화를 나눠보세요.

A: Hello?
B: Hello. Can I talk to Mrs. Nelson?
A: This is she. Who's calling, please?
B: This is Sean calling from Citibank.

A: 여보세요?
B: 안녕하세요. 넬슨 씨와 통화 좀 할 수 있을까요?
A: 전데요. 전화 주신 분은 누구시죠?
B: 전 시티뱅크의 션입니다.

C. 다음 응답은 참고용입니다. 질문에 자유롭게 응답해보세요.

Q: Who do you talk to on the phone the most?
A: I don't really talk on the phone much. I usually just exchange texts with my friends.

Q: 당신은 누구와 가장 많은 통화를 나누나요?
A: 전 딱히 통화를 많이 안 해요. 친구들과는 주로 그냥 문자를 주고받죠.

Check This Out

1) 전화를 받았을 땐 "Hello? (여보세요?)" 대신 간단히 "Yes? (네?)"라고 응답하기도 해요.

2) 누군가를 바꿔 달라고 할 때는 다음과 같이 표현하기도 해요.
   • Is Tyler available?　타일러 있어?
   • Is Tyler around?　타일러 있어?
   • Is Tyler home?　타일러 (집에) 있어?
   • Tyler, please.　타일러 좀 부탁드려요.

3) 일반적으로 전화상에서 자신을 밝힐 때는 "This is … (speaking)."처럼 표현해요. "this is"를 빼고 그냥 "Sonya speaking."처럼 표현할 수도 있지만, 이름 대신 대명사를 써서 "She speaking."이라고 표현하진 않으니 유의하세요. 참고로, 전화를 받은 상대방이 가족이나 친구처럼 가까운 사람일 때는 그냥 "Hi, it's me. (안녕, 나야.)"처럼 자신을 밝히기도 해요.

I think he's on a smoke break.
(그는) 잠깐 담배 피우러 나간 것 같아요.

Gotta Know

A. Let's practice the dialogues. Replace the underlined sentences with the ones in the *Ready-to-Use Boxes*.

(1) A: Is Jenny home?
    B: Yeah, she is. <u>Let me (go) get her.</u>
       Just a minute.

> **Ready-to-Use Box**
> I'll (go) get her.
> I'll (go) get her for you.
> Let me (go) get her for you.

(2) A: Hi. Is Roy there?
    B: Yep. Hold on.
       Hey, Roy! <u>It's for you!</u>
    C: Who is it?

> **Ready-to-Use Box**
> You have a phone call.
> Somebody wants you on the phone.
> Somebody's calling for you.
> Somebody's on the phone for you.
> Somebody's waiting on the phone for you.

(3) A: Is Rafael Benington there?
    B: <u>I'm afraid he's stepped out.</u>

> **Ready-to-Use Box**
> I think he's on a smoke break.
> I'm sorry, but he's out of the office today.
> I'm sorry, he's not here at the moment.
> I'm afraid he's in a meeting at the moment.
> He's not in.
> He's away from his desk right now.
> He's out to lunch right now.
> He just left for the day.
> He can't come to the phone right now.

Gotta Remember

B. Remember what we have learned today? Complete the dialogue.

A: Is _____?
B: No. _____.
   I'll have _____ call you as soon as I see _____.

A. Ready-to-Use Box 속 표현들로 밑줄 부분을 바꿔가며 대화문들을 연습해봅시다.

(1) A: 제니 집에 있어?
   B: 응, 있어. (가서) 전화 받으라고 할게. 잠시만.

I'll (go) get her.　(가서) 걔한테 전화 받으라고 할게.
= I'll (go) get her for you.
= Let me (go) get her for you.

(2) A: 안녕하세요. 로이 있나요?
   B: 네. 잠시만요. 야, 로이! 네 전화야!
   C: 누군데?

You have a phone call.　너한테 전화 왔어.
Somebody wants you on the phone. 누가 너 바꿔 달래.
Somebody's calling for you.　너한테 전화 왔어.
Somebody's on the phone for you.　너한테 전화 왔어.
Somebody's waiting on the phone for you.
　너한테 전화 왔어.

(3) A: 라파엘 베닝튼 씨 있나요?
   B: 죄송하지만, 지금 안 계세요.

I think he's on a smoke break.　(그는) 잠깐 담배 피우러 나간 것 같아요.
I'm sorry, but he's out of the office today.　죄송합니다만, (그는) 오늘 외근이에요.
I'm sorry, he's not here at the moment.　죄송하지만, (그는) 지금 여기 없어요.
I'm afraid he's in a meeting at the moment.　죄송하지만, (그는) 지금 미팅 중이에요.
He's not in.　(그는) 자리에 없어요.
He's away from his desk right now.　(그는) 지금 자리에 없어요.
He's out to lunch right now.　(그는) 지금 점심 먹으러 나갔어요.
He just left for the day.　(그는) 방금 퇴근했어요.
He can't come to the phone right now.　(그는) 지금 통화하기 곤란해요.
　/ (그는) 지금 바빠요.

B. 다음 대화문은 참고용입니다. 오늘 학습한 내용을 바탕으로 자유롭게 대화를 나눠보세요.

A: Is Dallon available?
B: No. He doesn't seem to be around. I'll have him call you as soon as I see him.

A: 댈런 씨 계신가요?
B: 아니오. 안 계신 거 같아요. 뵙는 대로 전화드리라고 할게요.

Check This Out

1) "잠시만 기다리세요."라고 말하고 싶을 땐 간단히 다음과 같은 표현들을 이용할 수 있어요.
 • Just a minute(, please).　잠시만(요).
 • Wait a moment(, please).　잠시만 기다려(요).
 • Hold on a sec(, please).　잠시만 기다려(요).
 • Hold on(, please).　잠시만 기다려(요).

2) 전화를 건 사람이 누구인지 아는 경우에는 다른 누군가에게 전화 왔음을 알릴 때 다음과 같이 표현하면 되겠죠?
 • Brad is calling for you.　브래드가 너 바꿔 달래.
 • Paul's waiting on the phone for you.　폴한테서 전화 왔어. / 폴이 너 바꿔 달래.

093 | I gotta get going.

나 이만 가봐야겠어. / 나 이만 끊어야겠어.

Gotta Know

A. Let's practice the dialogues. Replace the underlined sentences with the ones in the *Ready-to-Use Boxes*.

(1) A: Hello, Mary. Do you have time to talk?
   B: Sorry, <u>I'm in the middle of something right now.</u>
      Can I call you back later?
   A: Sure.

> **Ready-to-Use Box**
>
> I can't talk right now.
> I'm busy at the moment.
> I'm too busy to talk right now.

(2) A: Sorry, <u>I gotta go now.</u>
      Mind if I call you back later?
   B: Okay, sure. I'll talk to you later then.
   A: Bye.

> **Ready-to-Use Box**
>
> I gotta get going.
> I gotta run.
> I have to take off.
> I should be going now.
> I'd better get going.

B. Let's look at the examples and make sentences accordingly.

ex1) my job   → I'm busy with my job.
ex2) cook dinner   → I'm busy cooking dinner.

(1) my report   → _____.
(2) prepare for the final → _____.
(3) household chores   → _____.
(4) pack for the trip   → _____.

Gotta Remember

C. Answer the question below.

Q: What're you busy with these days?
A: _____
   _____.

A. Ready-to-Use Box 속 표현들로 밑줄 부분을 바꿔가며 대화문들을 연습해봅시다.

(1) A: 안녕, 메리. 통화 가능해?
B: 미안, 나 지금 뭐 좀 하고 있어서. 내가 이따 다시 전화해도 돼?
A: 그래.

I can't talk right now.	나 지금은 통화하기가 어려워.
I'm busy at the moment.	나 지금 바빠.
I'm too busy to talk right now.	나 너무 바빠서 지금은 통화하기 어려워.

(2) A: 미안, 이만 끊어야겠어. 내가 나중에 다시 전화해도 될까?
B: 응, 그래. 그럼 나중에 통화해.
A: 안녕.

I gotta go now.	= I gotta get going. = I gotta run. = I have to take off. 나 (이만) 가봐야겠어. / 나 (이만) 끊어야겠어. ≈ I should be going now. ≈ I'd better get going. 나 (이만) 가보는 게 좋겠어. / 나 (이만) 끊는 게 좋겠어.

B. 보기를 참고로 하여 문장들을 만들어봅시다.

ex1) 내 직장 → 나 일 때문에 바빠.
ex2) 저녁 식사를 준비하다 → 나 저녁 식사 준비하느라 바빠.

(1) 내 보고서 → 정답 : I'm busy with my report.
나 보고서 쓰느라 바빠.

(2) 기말고사를 준비하다 → 정답 : I'm busy preparing for the final.
나 기말고사 준비하느라 바빠.

(3) 집안일 → 정답 : I'm busy with household chores.
나 집안일 하느라 바빠.

(4) 여행 갈 짐을 싸다 → 정답 : I'm busy packing for the trip.
나 여행 짐 싸느라 바빠.

C. 다음 응답은 참고용입니다. 질문에 자유롭게 응답해보세요.

Q: What're you busy with these days?
A: <u>I'm busy writing my books. I've gotta finish them by the end of this month.</u>

Q: 당신은 요즘 무엇 때문에 바쁜가요?
A: 전 책을 쓰느라 바빠요. 이달 말까지 끝내야 하거든요.

1) "내가 (좀) 이따 다시 전화할게."라고 말하고 싶을 땐 다음과 같이 표현하면 돼요.

• I'll call you back later.	내가 이따 다시 전화할게.
• I'll call you right back.	내가 바로 다시 전화할게.
• Let me call you back.	내가 (이따) 다시 전화할게.
• I'm gonna have to call you back.	내가 (이따) 다시 전화해야 할 거 같아.

094 I told her not to lie to me.

내가 걔한테 거짓말하지 말랬어.

Gotta Know

A. Let's complete the dialogues using the given information.

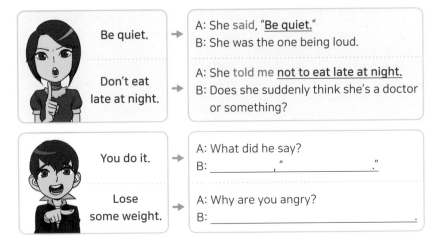

Be quiet.
→
A: She said, "Be quiet."
B: She was the one being loud.

Don't eat late at night.
→
A: She told me not to eat late at night.
B: Does she suddenly think she's a doctor or something?

You do it.
→
A: What did he say?
B: _____, "_____."

Lose some weight.
→
A: Why are you angry?
B: _____.

B. Let's make sentences using the given information and the subject "I."

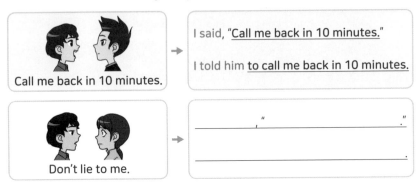

Call me back in 10 minutes.
→
I said, "Call me back in 10 minutes."

I told him to call me back in 10 minutes.

Don't lie to me.
→
_____, "_____."

_____.

Gotta Remember

C. Remember what we have learned today? Make your own sentences using the ones provided.

(1) Stop by here at 10. → _____

(2) Get out of here. → _____

66   I told her not to lie to me.

A. 주어진 정보를 이용해 다음 각 대화문을 완성해봅시다.

조용히 해.	→	A: 걔가 "조용히 해."라고 말했어. B: 시끄러운 건 걔였잖아.
밤늦게 먹지 마.	→	A: 걔가 나더러 밤늦게 먹지 말래. B: 걘 갑자기 자기가 무슨 의사라도 된다고 생각하는 거야?

네가 해.	→	A: 걔가 뭐라고 말했어? B: "네가 해."라고 말했어. → 정답 : He said, "You do it."
살 좀 빼.	→	A: 너 왜 화난 거야? B: 걔가 나더러 살 좀 빼래. → 정답 : He told me to lose some weight.

B. 주어진 정보를 이용해 자신이 한 말을 전하는 문장을 만들어봅시다.

나한테 10분 있다가 다시 전화 줘.	→	내가 "나한테 10분 있다가 다시 전화 줘."라고 말했어. 내가 걔한테 10분 있다가 다시 전화 달라고 했어.
나한테 거짓말하지 마.	→	내가 "나한테 거짓말하지 마."라고 말했어. → 정답 : I said, "Don't lie to me." 내가 걔한테 (내게) 거짓말하지 말랬어. → 정답 : I told her not to lie to me.

C. 다음 문장들은 참고용입니다. 주어진 문장(명령문)을 이용해 자유롭게 문장을 만들어보세요.

(1) 10시에 여기 들러.　→ 정답 : She said, "Stop by here at 10."
　　　　　　　　　　　　걔가 "10시에 여기 들러."라고 말했어.

(2) 여기서 나가.　→ 정답 : I told him to get out of here.
　　　　　　　　　　내가 걔한테 여기서 나가라고 했어.

Check This Out

1) "say"와 "tell" 둘 다 누군가의 말을 전할 때 사용해요. 단, "tell"은 바로 뒤에 **"누구에게"** 그 이야기를 전해주는지까지 밝혀지지만, "say"는 이를 주로 생략하며, 꼭 밝혀주고자 할 경우엔 바로 뒤가 아니라 문장 끝에 **"to + 사람"**처럼 표현해준답니다.
　ex) She told me a lie.　　　　　　　걔가 나한테 거짓말했어.
　ex) He didn't say anything (to her).　걘 (그녀에게) 아무 말 안 했어.

2) 오늘은 "say"와 "tell"을 함께 연습하려고 의도적으로 명령문들을 이용했지만, 오늘 배운 "say"는 누군가가 한 말을 그대로 전달하는 역할을 하기 때문에 명령문 외에도 다양한 문장들을 이용할 수 있어요.
　ex) He said, "I don't care."　　　　　걔가 "상관 안 해."라고 말했어.
　ex) She said, "Where're your manners?"　걔가 "넌 매너도 없냐?"라고 말했어.

Gotta Know

A. Let's practice the dialogues using the given information.

skirt / blouse

A: What do you want to wear today?
B: I want to wear a skirt with a blouse.

① jeans / sweater

pullover

A: How's the weather outside?
B: It's a little chilly. Put on your pullover.

② jumper

coat

A: Let me carry your coat for you.
B: Oh, thanks.

③ raincoat

B. Let's look at the examples and change the sentences accordingly.

ex1) Put on your hat.   → Put it on.
ex2) Take off your shoes.   → Take them off.

(1) Put on your socks.   → _____ .
(2) Put on your raincoat.   → _____ .
(3) Take off your coat.   → _____ .
(4) Take off your sunglasses. → _____ .

Gotta Remember

C. Answer the question below.

Q: What do you usually wear to work or school?
A: _____ .

A. 주어진 정보를 이용해 다음 대화문들을 연습해봅시다.

| 치마 / 블라우스 | A: 너 오늘 뭐 입고 싶어?
B: 치마랑 블라우스 입고 싶어. | → | ① | 청바지 / 스웨터 |

| 풀오버 | A: 바깥 날씨 어때?
B: 약간 쌀쌀해. 풀오버 입어. | → | ② | 점퍼 |

| 코트 | A: 코트 들어줄게.
B: 오, 고마워. | → | ③ | 비옷 |

B. 보기를 참고로 하여 주어진 문장들을 바꿔봅시다.

ex1) 모자 써. → 그거 써. / 그거 입어. / 그거 신어.
ex2) 신발 벗어. → 그거 벗어.

(1) 양말 신어. → 정답 : Put them on.   (3) 코트 벗어.   → 정답 : Take it off.
(2) 비옷 입어. → 정답 : Put it on.   (4) 선글라스 벗어. → 정답 : Take them off.

C. 다음 응답은 참고용입니다. 질문에 자유롭게 응답해보세요.

Q: What do you usually wear to work or school?
A: I usually wear jeans and a T-shirt.

　　Q: 당신은 보통 회사에, 혹은 학교에 무엇을 입고 가나요?
　　A: 보통은 청바지에 티셔츠를 입어요.

Check This Out

1) "wear"과 "put on" 둘 다 의복을 "**입다**", 모자 따위를 "**쓰다**"라는 뜻이기 때문에 이 둘이 똑같다고 생각하기 쉬우나, "**wear**"은 "**상태**"를, "**put on**"은 "**동작**"을 묘사하는 동사예요. 그래서 평상시 무언가를 입는다거나 오늘 무언가를 입고 싶다고 말할 때는 "**wear**"을 주로 사용하고, 누군가에게 무언가를 입으라고 명령할 때는 "**put on**"을 주로 사용하죠.

2) "**put on**"이나 "**take off**"처럼 동사 뒤에 부사가 따라다니는 것들은 목적어를 강조하고 싶을 때는 목적어를 부사 뒤에 두고(동사 + 부사 + 목적어), 부사를 강조하고 싶을 때(목적어에 대한 중요도가 낮을 때)는 부사를 목적어 뒤에 둬요(동사 + 목적어 + 부사). 즉, 맨 끝에 있는 것이 강조되죠. "**대명사**"는 명사를 대신하는 것들로, 번역 시 빼고 번역해도 될 정도로 중요도가 낮기 때문에 목적어 자리에 대명사를 사용할 경우에는 항상 "**동사 + 목적어 + 부사**" 구조로 표현하게 돼요.

3) 무언가를 몸에 걸치고 있을 경우에는 "**입고 있다**"라는 뜻의 동사인 "**wear**"을 이용하지만, 그것을 입지 않고 손에 들고 있을 경우에는 "**들고 있다**", "**가지고 다니다**"라는 뜻의 "**carry**"를 이용해요. "**carry**"는 사물뿐만 아니라 사람을 "**데리고 다니다**"라는 뜻으로도 쓰일 수 있으며, 물건 자체를 "**나르다**"라고 말할 때도 쓰이죠.

　ex) She's carrying her baby on her back.　그녀는 등에 아기를 업고 있어.
　ex) Let me help you carry that box.　　　내가 그 상자 나르는 거 도와줄게.

096 I'm wearing several layers.

난 옷을 많이 껴입고 있어.

Gotta Know

A. Let's practice the dialogues using the given information.

A: Hey, look at you.
B: What?
A: You're wearing <u>your T-shirt inside out</u>.
B: Oops.

T-shirt /
inside out

① sweater /
backwards

A: What're you doing?
B: I'm putting on <u>my skinny jeans</u>.

skinny jeans

② makeup

Gotta Remember

B. Complete the dialogues.

(1) A: Don't look. I'm _____ my jeans here.
    B: Oops, I'm sorry.

(2) A: Why're you _____ a cap?
    B: I didn't have enough time to wash my hair.

(3) A: What're you _____ back there?
    B: It's just my luggage.

C. Answer the question below.

Q: What're you wearing now?
A: _____

  _____.

A. 주어진 정보를 이용해 다음 대화문들을 연습해봅시다.

티셔츠 (안팎으로) 뒤집어	A: 야, 너 좀 봐. B: 뭘? A: 너 티셔츠 뒤집어 입었어. B: 이크.	→	① 스웨터 (앞뒤로) 거꾸로
스키니 진	A: 너 뭐 해? B: 스키니 진 입고 있어.	→	② 화장

B. 알맞은 표현으로 다음 각 대화문을 완성해보세요.

(1) A: 쳐다보지 마. 나 지금 청바지 입고 있어.   → 정답 : putting on
    B: 이크, 미안.

(2) A: 너 왜 모자 쓰고 있어?   → 정답 : wearing
    B: 머리 감을 시간이 없었어.

(3) A: 너 그 뒤에 뭐 들고 있는 거야?   → 정답 : carrying
    B: 그냥 내 캐리어야.

C. 다음 응답은 참고용입니다. 질문에 자유롭게 응답해보세요.

Q: What're you wearing now?   Q: 당신은 지금 무엇을 입고 있나요?
A: <u>I'm wearing jeans with a white sweater.</u>   A: 하얀 스웨터에 청바지를 입고 있어요.

Check This Out

1) "wear"과 "put on"의 차이는 진행형으로 사용될 때 확연히 드러나요. "wear"은 "**상태**"를 묘사하기 때문에 "**be wearing**"이라고 표현하면 "(원가를) 착용하고 있는 상태이다"라는 뜻이 되지만, "put on"은 "**동작**"을 묘사하기 때문에 "**be putting on**"이라고 표현하면 "(무언가) 입고 있는 동작을 하고 있다", 즉 "아직 완전히 입지 못했고 여전히 입고 있는 중이다"라는 뜻이 된답니다.

   ex) She's wearing a cap.   걘 모자를 쓰고 있어.   (→ 착용 상태를 말함)
   ex) I'm putting on my pullover.   난 풀오버를 입고 있어. (→ 입는 동작을 설명)

2) 우리는 보통 옷의 경우에만 "**입는다**"는 표현을 사용하지만, 영어에서는 신체 또는 피부에 무언가를 덧씌우는 행위 자체를 모두 "**입는다**"고 표현해요. 그래서 안경, 렌즈, 화장, 향수, 시계, 장갑 등의 경우도 모두 "**입는다**"고 표현하죠.

   ex) Are you wearing makeup?   너 화장했어?
   ex) I'm wearing contact lenses.   나 콘택트렌즈 끼고 있어.
   ex) What kind of cologne are you wearing now?   너 지금 어떤 향수 쓴 거야?
   ex) Why aren't you wearing your watch today?   너 오늘 왜 시계 안 찼어?

A. Let's practice the dialogues using the given information.

A: How does <u>my brand new bike</u> look? B: It looks great.	① this necklace
	② my new purse
A: How does <u>this wallet</u> look? B: It looks ugly. Lose it.	③ this anklet
	④ my ring

B. Let's complete the sentences using *in*, *on*, *out* or *with*.

(1) You look nice _____ that dress.

(2) That scarf looks great _____ you.

(3) Your sweater goes well _____ your jeans.

(4) Those glasses bring _____ your eyes.

(5) You don't look good _____ those glasses.

(6) You look weird _____ your sunglasses.

(7) That shirt looks terrible _____ you.

(8) You look old _____ that black shirt.

(9) This color looks hideous _____ me.

(10) Your T-shirt doesn't go well _____ your shorts.

(11) You look like a nerd _____ those glasses.

C. Complete the dialogues. (Answers may vary.)

(1) A: How do my glasses look?
   B: They _____ you.

(2) A: You _____ that dress.
   B: Thank you. That's so nice of you to say.

D. Answer the question below.

Q: Do you look good in glasses?
A: _____
   _____.

A. 주어진 정보를 이용해 다음 대화문들을 연습해봅시다.

A: 새로 산 내 오토바이 어때?	① 이 목걸이
B: 아주 좋아 보이는걸.	② 내 새 지갑 / 내 새 핸드백
A: 이 지갑 어때?	③ 이 발찌
B: 진짜 별로야. 갖다버려.	④ 내 반지

B. 다음은 무언가가 잘 어울리는지와 관련된 유용한 표현들입니다. "in", "on", "out", "with" 중 알맞은 것으로 다음 각 문장을 완성해봅시다.

(1) 넌 그 드레스가 잘 어울려.　　　　　　　→ 정답 : in
(2) 그 스카프가 너랑 정말 잘 어울려.　　　　→ 정답 : on
(3) 네 스웨터가 청바지랑 잘 어울리네.　　　→ 정답 : with
(4) 그 안경은 네 눈을 돋보이게 해.　　　　　→ 정답 : out
(5) 너 그 안경 끼니까 안 어울려.　　　　　　→ 정답 : in
(6) 너 선글라스 끼니까 이상해 보여.　　　　→ 정답 : in
(7) 그 셔츠는 너랑 정말 안 어울려.　　　　　→ 정답 : on
(8) 너 그 검은색 셔츠를 입으니 나이 들어 보여. → 정답 : in
(9) 이 색은 나랑 정말 안 어울려.　　　　　　→ 정답 : on
(10) 네 티셔츠가 반바지랑 잘 안 어울려.　　→ 정답 : with
(11) 너 그 안경 끼니까 고리타분한 범생이 같아 보여. → 정답 : in

C. 알맞은 표현으로 다음 각 대화문을 완성해보세요. (정답은 응답자에 따라 다를 수 있음)

(1) A: 내 안경 어때?　　　　　　　　　　→ 정답 : look good on
　　 B: 너랑 잘 어울리는 것 같아.

(2) A: 그 드레스를 입으니 엄청 멋진걸요.　→ 정답 : look fantastic in
　　 B: 그렇게 말해주셔서 정말 고마워요.

D. 다음 응답은 참고용입니다. 질문에 자유롭게 응답해보세요.

Q: Do you look good in glasses?
A: <u>Not really, which is why I usually wear contact lenses.</u>

Q: 당신은 안경이 잘 어울리나요?
A: 딱히 잘 어울리진 않아요.
　 그래서 보통 렌즈를 끼고 다니죠.

Check This Out

1) 여성들이 머리에 두르는 스카프의 정확한 표현은 "headscarf"이며, 그냥 "scarf"라고 하면 "목도리"를 의미할 수도 있어요.

2) 상대방의 칭찬에 대해 **"그렇게 말해줘서 감사하다"**고 말할 때는 다음과 같이 표현할 수 있어요.
　ex) That's very kind of you.　　　　(그렇게 말해줘서) 정말 고마워.
　ex) That's very kind of you to say.　그렇게 말해줘서 정말 고마워.
　ex) It's very nice of you to say so.　그렇게 말해줘서 정말 고마워.

098 This sweater is way too big.

이 스웨터는 커도 너무 커.

A. Let's practice the dialogues. Replace the underlined words with the ones in the *Ready-to-Use Boxes*.

(1) A: How do your shoes fit?
    B: They <u>fit (me) well</u>.

Ready-to-Use Box

fit (me) just right
fit (me) nicely
fit (me) perfectly

(2) A: How does that shirt fit?
    B: It's <u>way too big</u> (for me).

Ready-to-Use Box

way too long
too large
a little loose
a bit baggy
a bit too wide
a little bit too roomy

(3) A: How're those jeans fitting?
    B: They're <u>a little tight</u> (for me).

Ready-to-Use Box

too small
way too short
a bit snug
a little narrow

Gotta Remember

B. Remember what we have learned today? Complete the dialogues.

(1) A: How _____ feel?
    B: _____ me _____. I like _____.
    A: Great.

(2) A: How _____ fit?
    B: _____.
    A: Let me bring you _____ then.

A. Ready-to-Use Box 속 표현들로 밑줄 부분을 바꿔가며 대화문들을 연습해봅시다.

(1) A: 신으신 신발이 잘 맞나요?
B: (저한테) 잘 맞네요.

fit (me) just right	(나한테) 딱 맞는
fit (me) nicely	(나한테) 잘 맞는
fit (me) perfectly	(나한테) 꼭 맞는

(2) A: 그 셔츠는 잘 맞나요?
B: (저한테) 커도 너무 크네요.

way too long	길어도 너무 긴
too large	너무 큰
a little loose	약간 헐렁한
a bit baggy	약간 헐렁한
a bit too wide	폭이 좀 많이 넓은
a little bit too roomy	약간 많이 펑퍼짐한

(3) A: 그 청바지는 잘 맞나요?
B: (저한테) 약간 끼네요.

too small	너무 작은
way too short	짧아도 너무 짧은
a bit snug	약간 끼는
a little narrow	폭이 약간 좁은

B. 다음 대화문들은 참고용입니다. 오늘 학습한 내용을 바탕으로 자유롭게 대화를 나눠보세요.

(1) A: How <u>does that shirt</u> feel?
B: <u>It fits</u> me <u>just right</u>. I like <u>it</u>.
A: Great.

A: 그 셔츠는 입어보니 느낌이 어때요?
B: 제게 딱 맞아요. 마음에 드네요.
A: 아주 잘됐네요.

(2) A: How <u>do your shoes</u> fit?
B: <u>They're a bit snug</u>.
A: Let me bring you <u>a bigger size</u> then.

A: 신으신 신발이 잘 맞나요?
B: 약간 끼는 것 같아요.
A: 그럼 더 큰 사이즈로 가져다드릴게요.

Check This Out

1) 무언가가 누군가에게 잘 맞는지 물어보려면 다음과 같이 다양하게 표현할 수 있어요.
   • How does it fit? / How do they fit?　(그거) 잘 맞아?
   • How's it fitting? / How're they fitting?　(그거) 잘 맞아?
   • How does it feel? / How do they feel?　(그거) 착용감 어때? / (그거) 느낌 어때?

2) "How does that shirt fit?"은 대화 시 "How's that shirt fit?"이라고 표현하기도 해요.
이때 "How's"는 "How is"를 축약한 표현이 아니라 "How does"를 축약한 표현이죠.

3) "big"과 "large"는 둘 다 큰 것을 말할 때 사용되는 형용사예요. 차이점이라면, "big"은 주로
크기만을 의미하지만, "large"는 크기를 비롯해 전체 부피까지 의미할 수 있다는 것이죠.
신발 사이즈가 크다고 말할 때는 "large"보다 "big"을 더 많이 사용하며, "large"는 보통
옷의 사이즈가 크다고 말할 때 사용돼요.

4) "fit"은 옷의 사이즈나 모양이 맞다는 뜻인 반면, "suit" 또는 "go well (with ...)"은 옷의
색이나 디자인이 어울린다는 뜻이에요.
   ex) That dress suits you very well.　그 드레스가 너한테 아주 잘 어울리네.
   ex) Your shoes go well with your jeans.　(네) 신발이 청바지랑 잘 어울리네.

The grass is always greener.

남의 떡이 더 커 보이는 법이야.

A. Let's complete the sentences using the comparative forms of the given words.

(1) She's _____ than you.   (talkative)

(2) This is **way** _____ than I thought.   (difficult)

(3) He's _____ than my father.   (big)

(4) It's **a lot** _____ than yesterday.   (hot)

(5) I'm _____ than ever.   (busy)

(6) Your laptop is **two times** _____ than mine.   (heavy)

(7) I'm **much** _____ than her.   (fast)

(8) Is he _____ than me?   (tall)

(9) Which one do you think is _____?   (good)

(10) My grades are _____ than before.   (bad)

B. Complete the dialogues. (Answers may vary.)

(1) A: How was the test?
     B: Not bad. It was much _____
        than I thought.

(2) A: How's your cold?
     B: It's _____ than yesterday.
        I might have to call in sick again.

(3) A: It's pretty cold outside.
     B: Is it _____ than yesterday?

(4) A: Which one do you think is _____?
     B: I don't know. They all look expensive to me.

C. Answer the question below.

Q: Are you taller than your mother?

A: _____.

A. 주어진 단어들의 비교급을 이용해 각 문장을 완성해봅시다.

- 2음절이 넘는 긴 형용사나 부사들
  - (1) 걘 너보다 더 말이 많아. → 정답 : **more** talkative
  - (2) 이것은 내가 생각했던 것보다 훨씬 더 어려워. → 정답 : **more** difficult

- "자음-모음-자음"으로 끝나는 형용사나 부사들
  - (3) 걘 우리 아버지보다 덩치가 커. → 정답 : bigger
  - (4) 어제보다 날씨가 훨씬 더워. → 정답 : hotter

- "자음 + y"로 끝나는 형용사나 부사들
  - (5) 난 그 어느 때보다도 바빠. → 정답 : busier
  - (6) 네 노트북이 내 것보다 두 배 더 무거워. → 정답 : heavier

- 그 외 형용사나 부사들
  - (7) 내가 걔보다 훨씬 더 빨라. → 정답 : faster
  - (8) 걔 나보다 키 커? → 정답 : taller

- 규칙을 따르지 않는 형용사나 부사들
  - (9) 넌 어느 게 더 좋다고 생각해? → 정답 : **better**
  - (10) 내 성적은 예전보다 더 나빠. → 정답 : **worse**

B. 알맞은 표현으로 다음 각 대화문을 완성해보세요. (정답은 응답자에 따라 다를 수 있음)

- (1) A: 시험은 어땠어? → 정답 : easier
  B: 괜찮았어. 생각했던 것보다 훨씬 쉬웠어.

- (2) A: 감기는 좀 어때? → 정답 : worse
  B: 어제보다 더 심해. 또 병가 내야 할 듯싶어.

- (3) A: 바깥 날씨가 꽤 추워. → 정답 : colder
  B: 어제보다 더 추워?

- (4) A: 어느 게 더 비쌀까? → 정답 : more expensive
  B: 몰라. 내 눈엔 모두 비싸 보여.

C. 다음 응답은 참고용입니다. 질문에 자유롭게 응답해보세요.

Q: Are you taller than your mother?　　　Q: 당신은 어머니보다 키가 더 큰가요?
A: <u>Yeah, I think I'm a couple inches taller</u>　A: 네, 제가 2~3인치 정도 더 클 거예요.
　　<u>than her.</u>

Check This Out

1) "비교급(comparative degree)"이란 어떤 대상을 비교할 때 일어나는 형용사나 부사의
   형태 변화 중 하나로, 이와 구분하여 형용사나 부사의 원래 형태를 **"원급(positive degree)"**
   이라고 해요.

2) 2음절로 된 형용사나 부사들은 비교급을 만들 때 끝에 **"-er"**을 붙이는 게 기본이지만 간혹
   일부 단어들은 앞에 **"more"**를 붙여 비교급을 만들기도 해요.

Gotta Know

A. Let's practice the dialogues using the given information.

> A: <u>Lauren</u> is <u>really fast</u>.
> B: Yeah, I think <u>she's</u> as <u>fast</u> as you.
>
> A: <u>Ken</u> is <u>so smart</u>.
> B: Yeah, but <u>he's</u> **not** as <u>smart</u> as you.

① Porter	/ busy
② Hazel	/ cute
③ Charles	/ weird
④ Amanda	/ lazy

B. Use the *Cheat Box* to fill in the blanks. (Some answers may vary.)

(1) She's _____ as pretty as you.

(2) It's cheap, but it's not quite as nice as this one.

(3) It isn't quite as expensive as yours.

(4) I'm nowhere _____ as strong as you.

(5) Ken isn't _____ as nice as you.

(6) Give me a call as soon as _____.

(7) Yesterday was twice as hot as today.

(8) You're as good as it _____.

(9) It's as expensive as they _____.

Cheat Box

come
gets
just
near
nearly
possible

Gotta Remember

C. Complete the dialogues. (Some answers may vary.)

(1) A: Are you still studying English?
B: I am, but I don't study _____ before.

(2) A: You like drinking, right?
B: Yeah, but not _____ you.

(3) A: Do you come here often?
B: Yeah, but not _____ I'd like to.

(4) A: Hurry up! We only have 20 minutes left.
B: I'll get there _____ I can.

A. 주어진 정보를 이용해 다음 대화문들을 연습해봅시다.

A: 로렌은 정말 빠르네.
B: 응, 너만큼 빠른 것 같아.

A: 켄은 정말 똑똑해.
B: 응, 근데 너만큼은 아니야.

① 포터   / 바쁜
② 헤이즐 / 귀여운
③ 찰스   / 이상한
④ 아만다 / 게으른

B. 다음은 동등비교와 관련된 유용한 표현들입니다. Cheat Box 속 표현들로 빈칸을 채워보세요.
(일부 정답은 응답자에 따라 다를 수 있음)

(1) 걘 너만큼이나 예뻐.   (→ just)   → 정답 : just
   / 걘 거의 너만큼이나 예뻐. (→ nearly)   / nearly
(2) 그건 값은 싸지만 이것만큼 그렇게 좋진 않아.
(3) 그건 네 것만큼이나 비싸진 않아.
(4) 난 네 힘에 비하면 새 발의 피야.   → 정답 : near
(5) 사람 좋은 거로 따지자면 켄은 너랑 비교도 안 돼. → 정답 : nearly
(6) 가능한 한 빨리 연락 줘.   → 정답 : possible
(7) 어젠 오늘보다 두 배는 더 더웠어.
(8) 너만 한 사람 없어.   → 정답 : gets
(9) 그건 제일 비싸. / 그건 정말 비싸.   → 정답 : come

C. 알맞은 표현으로 다음 각 대화문을 완성해보세요. (일부 정답은 응답자에 따라 다를 수 있음)

(1) A: 너 아직 영어 공부해?   → 정답 : as hard as
   B: 응, 하지만 전만큼 열심히 공부하진 않아.

(2) A: 너 술 좋아하지, 그치?   → 정답 : as much as
   B: 그렇긴 한데, 너만큼은 아니야.

(3) A: 여기 자주 와?   → 정답 : as often as
   B: 그렇긴 한데, 생각만큼 자주 오지는 못해.

(4) A: 서둘러! 20분밖에 안 남았단 말이야.   → 정답 : as fast as
   B: 최대한 빨리 도착하도록 할게.

Check This Out

1) "as good as it gets"는 "the best"와 같은 의미로, 주로 구어체에서만 사용되는 표현
이에요. "as ... as they come"이라는 표현 역시 최상급의 의미를 가진 구어체 표현으로,
상황에 따라 "really"와 같은 의미로 사용되기도 한답니다.
   ex) This weather is as good as it gets.   이런 날씨 최고야.
   ex) He's as cocky as they come.   걘 제일 건방져. / 걘 정말로 건방져.

2) "as ... as ~"나 "more ... than ~" 앞에 배수 표현을 사용하면 둘 다 "~ 배나 더 ~한"이라는
뜻이 돼요.
   ex) Your house is twice as large as ours.   네 집 규모가 우리 집보다 두 배 더 커.
   ex) He's at least 10 times faster than you.   걔가 너보다 최소한 열 배는 더 빨라.

101 You're the second best.

네가 두 번째로 최고야.

Gotta Know

A. Let's complete the sentences using the superlative forms of the given words.

(1) What is _____ pasta here? (popular)

(2) She's _____ person I know. (honest)

(3) Seoul is _____ city in Korea. (big)

(4) It's _____ phone I've ever seen. (slim)

(5) The girl on the left is _____. (pretty)

(6) You're one of _____ people I know. (lazy)

(7) I'm _____ child in the family. (young)

(8) He's _____ person among us. (smart)

(9) This pizza is simply _____. (good)

(10) You're _____ boyfriend ever. (bad)

Gotta Remember

B. Complete the dialogues. (Some answers may vary.)

(1) A: Who's your _____ rival?
    B: No one 'cause I'm the best
       in the world, period.

(2) A: The boy in the middle is _____.
    B: That's why all the kids like him so much.

(3) A: When's _____ time for you
       to meet?
    B: Anytime is okay with me. It's your call.

(4) A: Do you know why they had a big argument this morning?
    B: I don't have _____ idea.

C. Answer the question below.

Q: What makes you stand out the most among your friends?

A: _____.

A. 주어진 단어들의 최상급을 이용해 각 문장을 완성해봅시다.

- 2음절이 넘는 긴 형용사나 부사들

    (1) 여기서 가장 인기 있는 파스타는 뭐죠?　　→ 정답 : the **most** popular
    (2) 걘 내가 아는 사람 중에서 가장 정직한 애야.　→ 정답 : the **most** honest

- "자음-모음-자음"으로 끝나는 형용사나 부사들

    (3) 서울은 한국에서 가장 큰 도시야.　　　　→ 정답 : the biggest
    (4) (그건) 지금껏 내가 본 것 중 가장 얇은 전화기야.　→ 정답 : the slimmest

- "자음 + y"로 끝나는 형용사나 부사들

    (5) 왼쪽에 있는 여자애가 가장 예뻐.　　　　→ 정답 : the prettiest
    (6) 넌 내가 아는 가장 게으른 사람 중 하나야.　→ 정답 : the laziest

- 그 외 형용사나 부사들

    (7) 내가 우리 집에서 가장 어려(/막내야).　　→ 정답 : the youngest
    (8) 걔가 우리 중에서 가장 똑똑한 애야.　　　→ 정답 : the smartest

- 규칙을 따르지 않는 형용사나 부사들

    (9) 이 피자는 그야말로 최고야.　　　　　　→ 정답 : the best
    (10) 넌 지금껏 만나본 남자친구 중에서 최악이야.　→ 정답 : the worst

B. 알맞은 표현으로 다음 각 대화문을 완성해보세요. (일부 정답은 응답자에 따라 다를 수 있음)

(1) A: 네 최대 라이벌은 누구야?　　　　　　　→ 정답 : biggest
　　B: 아무도 없어. 내가 세계 최고인 건 두말할 것도　　　　　　/ greatest
　　　없는 사실이니까.

(2) A: 가운데 있는 남자애가 제일 웃겨.　　　　→ 정답 : the funniest
　　B: 그래서 애들이 다 그 애를 엄청 좋아하는구나.

(3) A: 넌 가장 만나기 편할 때가 언제야?　　　　→ 정답 : the most convenient
　　B: 난 언제든 괜찮아. 네가 정해.　　　　　　　　　　/ the best

(4) A: 너 혹시 걔네 오늘 아침에 왜 대판 싸웠는지 알아?　→ 정답 : the faintest
　　B: 난 전혀 짚이는 게 없어.　　　　　　　　　　　　/ the slightest
　　　　　　　　　　　　　　　　　　　　　　　　　/ the foggiest

C. 다음 응답은 참고용입니다. 질문에 자유롭게 응답해보세요.

Q: What makes you stand out the most among your friends?
A: <u>Not to brag or anything, but I'm the tallest.</u>

　　Q: 친구들과 비교해서 당신이 가장 뛰어난 점은 무엇인가요?
　　A: 자랑할 만한 건 아니지만, 제가 가장 커요.

Check This Out

1) 특정 대상이나 그 대상의 행위를 "가장 우등한" 또는 "가장 열등한" 것으로 묘사하고 싶을 땐
최상급을 이용해요. "**최상급(superlative degree)**"이란 비교급과 마찬가지로 어떤 대상을
비교할 때 일어나는 형용사나 부사의 형태 변화 중 하나로, 주로 정관사 "**the**"를 동반하죠.

102 My boyfriend is one of a kind.

내 남친은 별종이야. / 내 남친은 독특해.

Gotta Know

A. Let's circle the correct answers.

(1) (All / One) of them are mine.

(2) It's (all / none) of your business.

(3) Can I have (all / one) of each?

(4) (One / None) of you guys know what to do.

(5) Not (all / none) of us knew about it.

(6) Why don't you ask (one / none) of the staff?

(7) (One / None) of it matters.

(8) You're (all / one) of the only people I trust.

B. Use the *Cheat Box* to fill in the blanks. (Some answers may vary.)

(1) She's one of _____ smart people.

(2) It's one of the things I'm good at.

(3) This item is one of _____.

(4) He's one of _____.

(5) Two of you will have to stay here.

(6) It's _____ of my business.

(7) Why _____ of all people?

(8) Which one is _____ of the two?

Cheat Box
me
none
those
a set
a kind
the better

Gotta Remember

C. Complete the dialogues.

(1) A: _____ of my friends are coming
     except for Nick.
   B: Why not Nick?

(2) A: _____ of my friends showed up.
   B: And you still call them friends?

(3) A: What do you think of my new hat?
   B: It's _____ of a kind.

A. "all", "one", "none" 중 알맞은 것으로 다음 각 문장을 완성해봅시다.

(1) 그거 다 내 거야. → 정답 : All

(2) 네가 알 바 아니야. / 신경 꺼. / 참견 마. / 상관 마. → 정답 : none

(3) 각각 하나씩 줄래요? → 정답 : one

(4) 너희 중엔 누구도 뭘 어떻게 해야 할지 몰라. → 정답 : None

(5) 우리 모두가 (그것에 관해) 알고 있었던 건 아니야. → 정답 : all

(6) 직원 중 한 명에게 물어보지 그래? → 정답 : one

(7) (그건) 하나도 중요하지 않아. / (그건) 다 부질없어. → 정답 : None

(8) 넌 내가 신뢰하는 유일한 사람 중 하나야. → 정답 : one

B. Cheat Box 속 표현들로 빈칸을 채워보세요. (일부 표현은 두 번 이상 사용 가능)

(1) 주변에 보면 머리 좋은 애들 있잖아. 걔도 그래. → 정답 : those

(2) 그건 내가 잘하는 것 중 하나야.

(3) 이 상품은 한 세트의 구성품 중 하나야. (→ a set) → 정답 : a set
/ 이 상품은 독특해. (→ a kind) / a kind

(4) 걘 별종이야. / 걘 독특해. → 정답 : a kind

(5) 너희 중 둘은 여기 있어야 할 거야.

(6) 내 알 바 아니야. → 정답 : none

(7) 다른 사람들은 다 놔두고 왜 하필 나야? → 정답 : me

(8) 둘 중에서 더 나은 게 어느 거야? → 정답 : the better

C. 알맞은 표현으로 다음 각 대화문을 완성해보세요.

(1) A: 닉을 제외한 나머지 친구들은 모두 다 와. → 정답 : All
B: 닉은 왜 못 와?

(2) A: 내 친구 중 아무도 안 나타났어. → 정답 : None
B: 그런데도 걔네를 친구라고 부르는 거야?

(3) A: 내 새 모자 어떤 거 같아? → 정답 : one
B: 완전 특이해.

Check This Out

1) "of"는 "~ 중", "~ 중에서", "~중의"라는 뜻으로 사용될 수 있어요. "I have one of them. (난 그것들 중 하나를 가지고 있어.)"처럼 말이죠. 이런 의미로 전치사 "of"를 사용할 때는 전체 범위를 "of" 뒤에 밝혀주게 되는데, "물(water)"처럼 셀 수 없는 대상이 아닌 이상 전체 범위는 거의 항상 복수 명사로 표현하며, 간혹 집합명사처럼 복수 의미를 가진 명사는 단수 형태로 표현하기도 해요.

2) "~ 중에서 모두/전부"라고 말할 땐 "all of ..."라고 표현해요. "all"은 "여러 대상 모두"를 말할 수도 있고, "한 대상의 전체"를 말할 수도 있기 때문에 "all of ..." 뒤에 등장하는 명사는 아주 자유로운 편이죠. 특이하게도 "all of ..."는 "of"를 생략하고 말하기도 하는데, 단 "all of ..." 뒤에 대명사의 목적격이 등장하는 경우에는 "of"를 생략하지 않아요.

ex) Did you drink all (of) the milk? 네가 우유를 다 마셨어?
ex) You lied to all of us. 넌 우리 모두에게 거짓말했어.

103 We both like drinking.

우린 둘 다 술을 즐겨 마셔.

Gotta Know

A. Let's look at the examples and change the sentences accordingly.

ex1) I met both (of) her parents.   ↔ I met neither of her parents.

(1) I like both (of) the girls.   ↔ _____.

(2) I can read both (of) the languages.   ↔ _____.

ex2) I can believe neither of you.   → I can't believe either of you.

(3) I look like neither of my parents.   → _____.

(4) I like neither of them.   → _____.

B. Let's complete the sentences using *both*, *neither* or *either*.

(1) _____ choice is ideal.

(2) _____ places sound fine.

(3) _____ date works for me. You can just pick one.

(4) _____ place has good coffee. They're the worst.

(5) We _____ hate walking.

(6) You can't go wrong with _____ restaurant.

(7) I shouldn't drink. _____ should you.

Gotta Remember

C. Complete the dialogues.

(1) A: It's all his fault.
    B: You're _____ responsible for this.

(2) A: _____ way is fine with me.
    B: Just choose one.

(3) A: Can you give me a ride to work?
    B: I can't. I'm in the middle of something.
       Ask Daniel or Brian. _____ of them
       is busy right now.

84   We both like drinking.

A. 보기를 참고로 하여 주어진 문장들을 바꿔봅시다.

ex1) 난 걔 부모님 두 분 다 만났어. → 난 걔 부모님 중 어느 분도 **안** 만났어.

(1) 난 그 여자애들 둘 다 좋아. → 정답 : I like neither of the girls.
난 그 여자애 중 누구도 마음에 **안** 들어.

(2) 난 그 언어들 둘 다 읽을 수 있어. → 정답 : I can read neither of the languages.
난 그 언어 중 어느 것도 **못** 읽어.

ex2) 난 너희 둘 중 어느 쪽도 믿지 않아. / 난 너희 둘 다 믿을 수 없어.

(3) 난 부모님 중 어느 쪽도 안 닮았어. → 정답 : I don't look like either of my parents.

(4) 난 둘 중 어느 것도 좋아하지 않아. → 정답 : I don't like either of them.

B. "both", "neither", "either" 중 알맞은 것으로 다음 각 문장을 완성해봅시다.

(1) 두 가지 선택 중 어느 것도 이상적이지 않아. → 정답 : Neither
(2) 두 곳 다 괜찮은 거 같아. → 정답 : Both
(3) 난 둘 중 어느 날로 해도 괜찮아. 네가 그냥 정해. → 정답 : Either
(4) 두 곳 중 어느 곳도 커피가 맛이 없어. 최악이야. → 정답 : Neither
(5) 우린 둘 다 걷는 거 싫어해. → 정답 : both
(6) 둘 중 어느 식당에 가도 실패하지 않아. → 정답 : either
(7) 난 술 마시면 안 돼. 너도 마찬가지고. → 정답 : Neither

C. 알맞은 표현으로 다음 각 대화문을 완성해보세요.

(1) A: 모두 걔 탓이야. → 정답 : both
B: 이건 너희 둘 다 책임이 있어.

(2) A: 난 둘 중 어느 방법도 괜찮아. → 정답 : Either
B: 하나만 골라.

(3) A: 나 회사까지 좀 태워줄 수 있어? → 정답 : Neither
B: 아니. 나 지금 뭐 하고 있어. 대니얼이나 브라이언한테
부탁해봐. 걔네 지금 둘 다 바쁜 일 없어.

Check This Out

1) "neither of ..."는 "둘 중 어느 것도 (~ 아니다)"라는 뜻으로, 결론적으로는 둘 다 아니라는
뜻이에요. 하지만 실제 가리키는 것은 "둘 중 어느 하나"이기 때문에 "both of ..."와는 달리
"neither of ..."가 주어 부분에 등장하면 단수 주어로 취급해야 하죠. 하지만 실제 대화
시에는 복수 주어로 취급하는 경우도 종종 있어요.

2) "neither of ..."와 정확히 반대되는 표현은 "either of ..."예요. 본래 "neither"이 "not ...
either"이라는 뜻이죠. "either of ..."는 "둘 중 어느 하나는 (~이다)"라는 뜻으로, "neither
of ..."와 마찬가지로 "둘 중 어느 하나"를 가리키기 때문에 주어 부분에 등장하면 단수 주어로
취급돼요.

I drank too much last night.
나 어젯밤에 너무 많이 마셨어.

Gotta Know

A. Let's complete the sentences using *many*, *much* or *most*.

(1) I had so _____ fun yesterday.
(2) I spend _____ Wednesday evenings studying.
(3) How _____ are you?
(4) I don't have _____ to say.
(5) I have _____ things to do today.
(6) We've settled our differences for the _____ part.
(7) How _____ push-ups can you do?
(8) We have so _____ in common.

B. Use the *Cheat Box* to fill in the blanks.

(1) I may be many _____, but I'm not a quitter.
(2) There are many new _____ here today.
(3) Can you see how many fingers I'm holding up?
(4) It was so bad on so many _____.
(5) How many people are in _____ in front of you?
(6) I had one _____ many drinks last night.
(7) _____ much is certain, it wasn't an accident.
(8) Why did you drink so much last night?
(9) Most _____ I wear a T-shirt and jeans.

Cheat Box
too
days
line
this
faces
levels
things

Gotta Remember

C. Complete the dialogues.

(1) A: Can you put some more sugar
　　　in my coffee?
　　B: Of course. How _____ more?

(2) A: I don't eat breakfast.
　　B: Who does?
　　A: Uh, I think _____ people do.

(3) A: You don't look well.
　　B: I'm so hungover right now.
　　　I had one too _____ beers last night.

Translations & Answers

A. "many", "much", "most" 중 알맞은 것으로 다음 각 문장을 완성해봅시다.

(1) 나 어제 너무 즐거웠어. → 정답 : much
(2) 난 수요일 저녁은 대부분 공부를 하며 보내. → 정답 : most
(3) 몇 분이세요? → 정답 : many
(4) 난 할 말이 별로 없어. → 정답 : much
(5) 나 오늘 할 게 많아. → 정답 : many
(6) 우린 웬만한 건 다 서로 이해하고 지내. → 정답 : most
(7) 너 팔굽혀펴기 몇 개 할 수 있어? → 정답 : many
(8) 우린 서로 닮은 구석이 참 많아. → 정답 : much

B. Cheat Box 속 표현들로 빈칸을 채워보세요.

(1) 내가 다른 건 몰라도 포기하는 스타일은 아니야. → 정답 : things
(2) 오늘 여기 새로운 얼굴들이 많네. → 정답 : faces
(3) 너 지금 내가 손가락 몇 개 들었는지 보여?
(4) (그건) 여러모로 꽤 형편없었어. → 정답 : levels
(5) 네 앞에 몇 사람이나 줄 서 있어? → 정답 : line
(6) 나 어젯밤에 술을 좀 과하게 마셨어. → 정답 : too
(7) 한 가지 확실한 건, 그건 우연이(/사고가) 아니었다는 거야. → 정답 : This
(8) 너 어젯밤엔 술을 왜 그렇게 많이 마신 거야?
(9) 난 거의 매일 티셔츠와 청바지를 입어. → 정답 : days

C. 알맞은 표현으로 다음 각 대화문을 완성해보세요.

(1) A: 내 커피에 설탕 좀 더 넣어줄래? → 정답 : much
   B: 그래. 얼마나 더?

(2) A: 난 아침 안 먹어. → 정답 : most
   B: 아침 먹는 사람도 있어?
   A: 어, 보통 사람들은 대부분 아침 먹을걸.

(3) A: 너 안색이 안 좋아. → 정답 : many
   B: 숙취 때문에 지금 죽을 맛이야.
      어젯밤에 맥주를 좀 과하게 마셨거든.

Check This Out

1) "many"와 "much"는 막연히 "많은" 수량을 말할 때 사용하는 표현이에요. "many"는 셀 수 있는 대상만을, "much"는 셀 수 없는 대상만을 꾸며주죠. 좀 더 많다는 느낌을 주는 또 다른 표현에는 "most(대부분)"도 있는데, 이는 셀 수 있는 대상과 셀 수 없는 대상 모두를 꾸며줄 수 있어요.

2) "many"와는 달리, "much"는 "많이"라는 뜻의 부사로도 "많이" 쓰여요.

3) "had one too many"는 "술을 평소 주량보다 한 잔 더 마셨다. 그래서 취했다."라는 의미예요. 뒤에 drinks나 beers 등을 넣어서 무얼 마셨는지 구체적으로 표현하기도 하죠.
   ex) I think I've had one too many.　　나 좀 과하게 마신 것 같아.

Eat some of mine.
내 거 좀 먹어.

A. Let's circle the best answers. (Some answers may vary.)

(1) (Some / Any) of them left early.

(2) I'm here (many / most) of the time.

(3) (Many / Much) of these people are just plain stupid.

(4) I don't like (some / any) of the furniture here.

(5) Do you want (some / most) of my drink?

(6) It seems that (many / much) of you disagree.

(7) Have you seen (much / any) of these movies?

(8) She wasted (any / most) of her money on partying.

B. Use the *Cheat Box* to fill in the blanks.

(1) You should _____ some of this.

(2) Some of these are fakes and some of them are _____.

(3) Are any of those boys _____?

(4) When it _____ to cooking, Judy is better than any of us.

(5) Many of these watches are fake.

(6) Much of this will go to _____.

(7) You should _____ the most of this chance.

Cheat Box
try
make
comes
waste
authentic
available

Gotta Remember

C. Complete the dialogues.

(1) A: Can I have one?
   B: Sure. We have _____ of these.

(2) A: Where is everyone?
   B: _____ of them went to lunch.

(3) A: How did you do on your interview?
   B: I could only answer _____ of the questions.

(4) A: I don't believe _____ of that.
   B: They're proven medical facts.
      You should just accept that.

A. 괄호 속 표현 중 각 문장에 가장 어울리는 것을 골라봅시다. (일부 문장에는 괄호 속 표현이 둘 다 어울릴 수도 있음)

(1) 그들 중 몇몇은 일찍 떠났어.   → 정답 : Some

(2) 난 거의 여기 있어. (난 대부분의 시간에 여기 있어.)   → 정답 : most

(3) 이들 대다수는 정말 일자무식이야.   → 정답 : Many

(4) 난 여기 가구 중에는 마음에 드는 게 없어. (→ any)   → 정답 : any
  / 난 여기 가구 중 일부는 마음에 안 들어. (→ some)   / some

(5) 내 우유 좀 줄까?   → 정답 : some

(6) 너희 중 대다수가 동의하지 않나 보군.   → 정답 : many

(7) 너 이 영화 중에서 본 거 있어?   → 정답 : any

(8) 걘 파티하느라 자기 돈 대부분을 낭비했어.   → 정답 : most

B. Cheat Box 속 표현들로 빈칸을 채워보세요.

(1) 이거 좀 먹어봐.   → 정답 : try

(2) 이거 중 몇 개는 가짜고 몇 개는 진짜야.   → 정답 : authentic

(3) 저 남자애들 중에서 짝 없는 애 있어?   → 정답 : available

(4) 요리에 관한 한 주디가 우리 중 어느 누구보다 나아.   → 정답 : comes

(5) 이 시계들은 대부분 짝퉁이야.

(6) 이것 중 상당 부분이 썩혀지게 될 거야.   → 정답 : waste

(7) 이번 기회를 최대한 활용해.   → 정답 : make

C. 알맞은 표현으로 다음 각 대화문을 완성해보세요.

(1) A: 나 하나 가져도 돼?   → 정답 : many
  B: 응. 우리 이런 거 많아.

(2) A: 다들 어디 있는 거야?   → 정답 : Most
  B: 대부분 점심 먹으러 갔어.

(3) A: 면접 잘 봤어?   → 정답 : some
  B: 질문들 중에서 몇 개밖에 대답 못 했어.

(4) A: 난 그 말 전혀 안 믿어.   → 정답 : any
  B: 입증된 의학적 사실들이야. 그냥 수긍할 수밖에 없어.

Check This Out

1) 굳이 정확한 수량을 말할 필요가 없거나, 정확한 수량을 표현하는 게 어려울 때는 "some" 이라는 단어를 이용해요. 우리말로는 "좀", "조금", "약간(의)", "몇몇(의)"이라고 번역되기도 하고 아예 번역이 안 되기도 하죠. 부정문이나 의문문에서는 "some" 대신 "any"를 사용 하는데, 상대방으로부터 긍정의 대답을 예상하거나 긍정의 대답을 유도하는 의문문에서는 "some"을 사용하기도 해요.

2) "some"과 "any"는 **셀 수 없는 대상 중 일부**를 의미할 수도 있고, **셀 수 있는 여러 대상 중 몇몇**을 의미할 수도 있어요. "**2개 중 몇몇**"이라는 말은 안 하기 때문에 후자의 경우에는 대상이 최소 3개 이상일 때 사용하죠.

3) "fake"는 "**가짜의**", "**모조의**"라는 뜻의 형용사로도 쓰이고, "**모조품**", "**위조품**"이라는 뜻의 명사로도 쓰여요.

106 | Isn't it something?

(그거) 대박이지 않냐? / (그거) 굉장하지 않냐?

Gotta Know

A. Let's circle the correct answers. (Some answers may vary.)

(1) Let me tell you (something / anything).

(2) Money isn't (something / everything).

(3) I have (everything / nothing) to say.

(4) I'm fine with (everything / anything).

(5) We have (anything / nothing) in common.

(6) There isn't (something / anything) you can do.

(7) I feel like eating (something / nothing) spicy.

(8) I love (everything / anything) about him.

B. Use the *Cheat Box* to fill in the blanks.

(1) Everything happens _____ a reason.

(2) Everything _____ is expensive.

(3) I have nothing to do _____ this.

(4) Nothing's going my _____.

(5) He's really something.

(6) There must be something _____ with this.

(7) Did you have anything to do with this?

(8) It was anything _____.

Cheat Box

but

for

way

here

with

wrong

Gotta Remember

C. Complete the dialogues.

(1) A: It doesn't mean _____ to me.
B: Don't lie to me. I know you treasure that ring.

(2) A: What's good here? Any recommendations?
B: _____'s good.

(3) A: There's _____ on your face.
B: Oh, really? Probably something I ate
for lunch.

(4) A: Did you have fun on your trip?
B: No. We caught next to _____
when we went fishing.

A. 괄호 속 표현 중 각 문장에 올바른 것을 골라봅시다. (일부 문장에는 괄호 속 표현이 둘 다 어울릴 수도 있음)

(1) 내가 뭐 하나 말해줄게.   → 정답 : something

(2) 돈이 다가 아니야.   → 정답 : everything

(3) 난 말할 게 (아무것도) 없어.   → 정답 : nothing

(4) 난 다 괜찮아.   (← everything)   → 정답 : everything
/ 난 뭐든 괜찮아. (← anything)   / anything

(5) 우린 공통점이 하나도 없어.   → 정답 : nothing

(6) 네가 할 수 있는 건 없어.   → 정답 : anything

(7) 나 뭔가 매콤한 거 먹고 싶어.   → 정답 : something

(8) 난 그 사람의 모든 것을 다 사랑해.   → 정답 : everything

B. Cheat Box 속 표현들로 빈칸을 채워보세요.

(1) 모든 일은 다 생기는 이유가 있어.   → 정답 : for

(2) 여기 있는 건 다 비싸.   → 정답 : here

(3) 난 이거랑 전혀 관련 없어.   → 정답 : with

(4) 뭐 하나 뜻대로 되는 게 없네. / 뭐 하나 제대로 되는 게 없네.   → 정답 : way

(5) 걘 정말 대단해. / 걘 정말 물건이야.

(6) 이거 뭔가 문제가 있는 게 분명해.   → 정답 : wrong

(7) 너 이번 일과 관련 있어?

(8) 그거랑은 전혀 거리가 멀었어.   → 정답 : but

C. 알맞은 표현으로 다음 각 대화문을 완성해보세요.

(1) A: 그건 나한테 아무런 의미도 없어.   → 정답 : anything
    B: 거짓말 마. 네가 그 반지 소중히 여기는 거 알아.

(2) A: 여기 뭐가 맛있죠? 추천해주실 만한 게 있나요?   → 정답 : Everything
    B: 다 맛있어요.

(3) A: 네 얼굴에 뭐 묻었어.   → 정답 : something
    B: 아, 정말? 점심때 먹은 게 묻었나 봐.

(4) A: 여행 재밌었어?   → 정답 : nothing
    B: 아니. 우린 낚시하러 가서 거의 잡지도 못했어.

Check This Out

1) "**모든 것**"을 말할 때는 "**all the things**"라고 표현하기도 해요. 단, "**everything**"은 단수로 취급됨에 반해, "**all the things**"는 복수로 취급되므로 이를 주어로 사용할 때는 복수 주어에 맞는 동사를 사용해야 하죠.
   ex) I found all the things I was looking for.   난 찾고 있던 걸 모두 다 찾았어.

2) "**... be really something.**"이라고 하면 "**~은 정말 어떤 것이다**"라는 말도 안 되는 표현처럼 들리죠? 이는 "**정말 대단하다**"라는 뜻으로, 사물뿐만 아니라 사람에 대해서도 사용할 수 있는 표현이에요. 정말 대단한 사람을 보고 "**요놈 정말 물건이네.**"라고 말하듯이 말이죠.
   ex) This is really something.   이건 정말 끝내줘. / 이건 정말 멋져.

That was nobody's fault.

그건 누구의 잘못도 아니었어.

Gotta Know

A. Let's complete the sentences using *everybody*, *nobody*, *somebody* or *anybody*.

(1) How's _____ doing today?

(2) _____ just called me.

(3) When _____ tries, everyone fails.

(4) I'm new here. I don't know _____ in this town.

(5) Not _____ agrees with you.

(6) _____ can do that, even five-year-olds.

(7) There's _____ waiting for you outside.

(8) _____ likes to be told what to do.

B. Use the *Cheat Box* to fill in the blanks.

(1) Everybody _____ so.

(2) I need everybody to _____ down.

(3) Sometimes nobody _____ the answer.

(4) Nobody _____ up yesterday.

(5) Somebody should _____ something about this.

(6) Will somebody _____ the phone?

(7) Can anybody _____ me?

(8) Is anybody interested in seeing a movie with me tomorrow?

Cheat Box	
do	settle
has	thinks
hear	answer
	showed

Gotta Remember

C. Complete the dialogues. (Answers may vary.)

(1) A: She's such a liar.
   B: _____ knows one.

(2) A: I really need _____ to lean on right now.
   B: You can lean on me. That's what friends are for.

(3) A: What if they blame me?
   B: Don't worry. That was _____ fault.

(4) A: Why is he so cranky today?
      Does _____ know?
   B: No one here knows why.

A. "everybody", "nobody", "somebody", "anybody" 중 알맞은 것으로 다음 각 문장을 완성해봅시다.

(1) 다들 오늘 컨디션 어때? → 정답 : everybody

(2) 누가 방금 나한테 전화했어. → 정답 : Somebody

(3) 노력하는 사람이 없다면 성공하는 사람도 없어. → 정답 : nobody

(4) 난 여기가 처음이야. 이 동네엔 아는 사람이 없어. → 정답 : anybody

(5) 모두 다 네 의견에 동의하진 않아. → 정답 : everybody

(6) 그건 누구든, 심지어 다섯 살 먹은 애도 할 수 있어. → 정답 : Anybody

(7) 바깥에서 누가 널 기다려. → 정답 : somebody

(8) 이래라저래라하는 소리 듣는 걸 좋아하는 사람은 아무도 없어. → 정답 : Nobody

B. Cheat Box 속 표현들로 빈칸을 채워보세요.

(1) 다들 그렇게 생각해. → 정답 : thinks

(2) 다들 침착하게 있어 줬으면 해. → 정답 : settle

(3) 때론 아무도 답을 모를 때가 있어. → 정답 : has

(4) 어젠 아무도 안 왔어. → 정답 : showed

(5) 이번 일에 대해 누군가가 조치를 취해야 해. → 정답 : do

(6) 누가 전화 좀 받아줄래? → 정답 : answer

(7) 아무도 없어요? / 제 말 들리는 사람 아무도 없나요? → 정답 : hear

(8) 누구 나랑 내일 영화 볼 사람 있어?

C. 알맞은 표현으로 다음 각 대화문을 완성해보세요. (정답은 응답자에 따라 다를 수 있음)

(1) A: 걘 정말 거짓말쟁이야. → 정답 : Everybody
   B: 모두가 다 아는 얘긴데, 뭐.

(2) A: 난 지금 기댈 수 있는 누군가가 절실히 필요해. → 정답 : somebody
   B: 나한테 기대도 돼. 친구 좋다는 게 이런 거잖아.

(3) A: 그들이 날 탓하면 어쩌지? → 정답 : nobody's
   B: 걱정하지 마. 그건 누구의 잘못도 아니었어.

(4) A: 쟤 오늘 왜 저렇게 까칠하지? 아는 사람 있어? → 정답 : anybody
   B: 여기 있는 사람 중에선 아무도 이유를 몰라.

Check This Out

1) "everybody", "nobody", "somebody", "anybody"는 "everyone", "no one", "someone", "anyone"이라고 표현하기도 해요. 단, 회화 시에는 "-body"로 끝나는 표현들이 선호되죠.

2) "**Not** everybody agrees with you."는 "네 의견에 동의하는 사람이 한 명도 없어."라는 뜻이 아니라 "**모두 다 네 의견에 동의하지는 않아.**", 즉 "**네 의견에 동의하지 않는 사람들도 있어.**"라는 말이에요.

108 It's not my cup of tea.

(그건) 내 취향이 아니야. / (그건) 나랑 안 맞아.

Gotta Know

A. Use the *Cheat Box* to fill in the blanks.

(1) Can I get _____ water?
(2) Do you have _____ change?
(3) Pick up _____ smokes for me.
(4) It comes in _____ colors.
(5) We haven't had _____ rain for weeks.
(6) I didn't have _____ sleep.

Cheat Box	
a bit of	a wink of
a drop of	a glass of
a pack of	a variety of

B. Let's look at the examples and complete the sentences accordingly.

ex1) **a cup**   / coffee   → She treated me to **a cup** of coffee.

(1) a pair   / sneakers   → I need to buy _____.
(2) a bunch   / liars   → They're all _____.
(3) a bit   / a cold   → I have _____.

ex2) **invention** / the mother   → Necessity is the mother of **invention**.

(4) my class   / top   → I was (at the) _____.
(5) the iceberg / the tip   → This is just _____.
(6) his word   / a man   → He's _____.

Gotta Remember

C. Complete the dialogues using the given words or phrases.

(1) A: We've been waiting for over an hour.
    B: Sorry. I lost _____.   (time / track)

(2) A: I got a lemon. It's _____! (a piece / junk)
    B: I told you so.

(3) A: Write me a letter.
    B: Who writes letters these days?
       It's _____.   (the past / a thing)

(4) A: Can you save me _____? (a slice / pizza)
    B: Sure, I can, but aren't you
       supposed to be on a diet?

94   It's not my cup of tea.

A. Cheat Box 속 표현들로 빈칸을 채워보세요.

(1) 물 한 잔만 줄래? → 정답 : a glass of
(2) 너 잔돈 좀 있어? → 정답 : a bit of
(3) 담배 한 갑만 사다 줘. → 정답 : a pack of
(4) 그건 색이 다양하게 나와. → 정답 : a variety of
(5) 여긴 몇 주째 비가 한 방울도 안 내렸어. → 정답 : a drop of
(6) 나 거의 한숨도 못 잤어. → 정답 : a wink of

B. 보기를 참고로 하여 각 문장을 완성해봅시다.

ex1) 걔가 나한테 커피 한 잔 샀어.

(1) 나 스니커즈 한 켤레 사야 해. → 정답 : I need to buy **a pair** of sneakers.
(2) 걔들은 하나같이 다들 거짓말쟁이야. → 정답 : They're all **a bunch** of liars.
(3) 나 감기 기운이 좀 있어. → 정답 : I have **a bit** of a cold.

ex2) 필요는 발명의 어머니야.

(4) 난 우리 반에서 탑이었어. → 정답 : I was (at the) top of **my class**.
(5) 이건 단지 빙산의 일각일 뿐이야. → 정답 : This is just the tip of **the iceberg**.
(6) 그는 자기가 한 말은 지키는 사람이야. → 정답 : He's **a man** of **his word**.

C. 주어진 표현을 이용해 다음 각 대화문을 완성해보세요.

(1) A: 우린 한 시간 넘게 기다렸어. → 정답 : track of time
   B: 미안해. 시간 가는 줄 몰랐어.

(2) A: 나 (중고)차 잘못 샀어. 완전 고물이야! → 정답 : a piece of junk
   B: 그러게 내가 뭐랬어.

(3) A: 편지해. → 정답 : a thing of the past
   B: 요즘 누가 편지를 써? 옛날 사람들이나 쓰지.

(4) A: 피자 한 조각만 남겨줄래? → 정답 : a slice of pizza
   B: 응, 그럴 수 있긴 한데, 너 다이어트하는 중 아니야?

Check This Out

1) "of"는 영어에서 가장 많이 사용되는 전치사예요. 기본적으로는 "A of B"의 형태일 때 "B의 A"라는 뜻이 되죠. 하지만 때때로 "a cup of ... (한 잔의 ~)"처럼 "of"가 수량이나 종류 등을 말하는 표현에서 사용되기도 하는데, 이때는 "B의 A"가 아니라 "A의 B"라는 의미가 된답니다. 후자의 경우에는 "A of"를 하나의 형용사로 보면 이해하기 쉬워요.

   ex) It's a force of habit.   그건 습관이라 어쩔 수가 없어. (← 습관의 힘)
   ex) It's not my cup of tea.   그건 내 취향이 아니야.   (← 내 컵의 차)

2) "lemon"은 과일 이름이기도 하지만 **"고물차", "불량품"**이라는 뜻으로 쓰이기도 해요. 주로 중고차 등을 잘못 샀을 때 이런 표현을 사용하죠.

Call me when you're done.
다 끝나면 나한테 전화 줘.

Gotta Know

A. Let's match sentences to B1 through B6.

A1) Let me know ... •   • B1) ... when you get paid.

A2) Sit down ... •   • B2) ... when you're ready to go out.

A3) You'll feel better ... •   • B3) ... once I get my hands on him.

A4) Pay me back ... •   • B4) ... once you get some rest.

A5) I bumped into Jim ... •   • B5) ... while you're waiting.

A6) His ass is grass ... •   • B6) ... while I was shopping.

B. Let's complete the sentences using *when*, *while* or *once*.
(Some answers may vary.)

(1) _____ I'm tired, I just go to bed.

(2) Get some shuteye _____ I'm driving.

(3) Send for me _____ you're finished.

(4) You can go back to work _____ you feel better.

(5) I twisted my ankle _____ I was jogging.

(6) Shoot me a message _____ you get a chance.

(7) I'll get us a new place _____ I get that promotion.

(8) I usually study _____ I'm listening to music.

Gotta Remember

C. Complete the dialogues. (Answers may vary.)

(1) A: Hey, don't butt in _____ I'm talking.
    B: I'm sorry.

(2) A: I'll have her call you _____ she gets back.
    B: Thanks a lot.

(3) A: Why are you quitting your job
       all of a sudden?
    B: I feel alienated by my coworkers
       _____ I'm at work.

A. 이어질 알맞은 표현을 찾아 각 문장을 완성해봅시다.

> A1) → 정답 : B2) Let me know when you're ready to go out.
> 나갈 준비 다 되면 알려줘.
>
> A2) → 정답 : B5) Sit down while you're waiting.
> 기다리는 동안 앉아 있어. (앉아서 기다려.)
>
> A3) → 정답 : B4) You'll feel better once you get some rest.
> 일단 좀 쉬고 나면 나아질 거야.
>
> A4) → 정답 : B1) Pay me back when you get paid.
> 월급 타면 갚아.
>
> A5) → 정답 : B6) I bumped into Jim while I was shopping.
> 나 쇼핑하다가 우연히 짐 만났어.
>
> A6) → 정답 : B3) His ass is grass once I get my hands on him.
> 걘 내 손에 잡히기만 하면 죽었어.

B. "when", "while", "once" 중 알맞은 것으로 다음 각 문장을 완성해봅시다. (일부 정답은 응답자에 따라 다를 수 있음)

(1) 난 피곤하면 그냥 자.   → 정답 : When
(2) 내가 운전하는 동안 눈 좀 붙여.   → 정답 : while
(3) 다 끝내면 나 불러.   → 정답 : when / once
(4) 일단 몸부터 좀 괜찮아지고 나서 다시 일해도 돼.   → 정답 : once / when
(5) 나 조깅하다가 발목 접질렸어.   → 정답 : while / when
(6) 기회 될 때 (문자나 메신저 등으로) 소식 알려줘.   → 정답 : once / when
(7) 난 이번에 승진하면 우리 새 보금자리부터 구할 거야.   → 정답 : once / when
(8) 난 보통 공부할 때 음악을 들어.   (→ while)   → 정답 : while / when
   / 난 보통 음악을 들을 때 공부해.   (→ when)

C. 알맞은 표현으로 다음 각 대화문을 완성해보세요. (정답은 응답자에 따라 다를 수 있음)

(1) A: 야, 내가 말할 때 불쑥 끼어들지 마.   → 정답 : while / when
   B: 미안해.

(2) A: 걔 돌아오면 바로 너한테 전화하라고 할게. (→ once)   → 정답 : once / when
   / 걔 돌아오면 너한테 전화하라고 할게.   (→ when)
   B: 고마워.

(3) A: 너 일은 왜 갑자기 그만두려는 거야?   → 정답 : when / while
   B: 회사에 있으면 동료들한테 소외감을 느껴서.

Check This Out

1) "while"은 "~하는 동안"이라는 뜻으로, 동시에 이루어지는 어떤 일을 설명할 때 사용해요. 무언가가 진행되고 있다는 느낌을 주기 때문에 진행 시제가 등장하는 경우가 많죠.

2) "once"는 "when"과 "if"가 결합된 듯한 느낌의 접속사로, "(일단) ~하면", "~하자마자" 라는 뜻으로 쓰여요.

110 Okay, if you insist.

좋아, (네가) 정 그렇다면.

Gotta Know

A. Let's match sentences to B1 through B4.

A1) I'm not going … • • B1) … if you're not too busy tonight.

A2) Give me a call … • • B2) … if you can't make it to my house today.

A3) Let's go see a movie … • • B3) … unless you're going.

A4) I'm not buying it … • • B4) … unless it's under 20 dollars.

B. Let's look at the example and change the sentences accordingly.

ex) If you don't want to get fired, you'd better hurry up.
   → Unless you want to get fired, you'd better hurry up.

(1) This should be his number if it's not changed.
   → _____ .

(2) Stay for dinner if you don't have other things to do.
   → _____ .

(3) Let's go out for dinner if you're not busy.
   → _____ .

Gotta Remember

C. Complete the dialogues.

(1) A: Wanna grab a pizza?
    B: Sure, _____ you're buying.

(2) A: I'm good-looking, don't you think?
    B: _____ you're good-looking, then
       I'm David Beckham.

(3) A: I'm getting some Chinese food _____ someone has a better suggestion.
    B: Chinese is fine.

(4) A: I should have just enough time to do that tomorrow morning and then
       get to work on time.
    B: I wouldn't risk it if I were you. You don't wanna be late again _____
       you're trying to get fired like you-know-who.

98   Okay, if you insist.

A. 이어질 알맞은 표현을 찾아 각 문장을 완성해봅시다.

A1) → 정답 : B3) I'm not going unless you're going.
네가 안 가면 나도 안 가.
A2) → 정답 : B2) Give me a call if you can't make it to my house today.
오늘 우리 집에 못 오게 되면 전화해줘.
A3) → 정답 : B1) Let's go see a movie if you're not too busy tonight.
오늘 밤에 그렇게 바쁘지 않으면 영화 보러 가자.
A4) → 정답 : B4) I'm not buying it unless it's under 20 dollars.
난 (그게) 20달러 넘으면 안 사.

B. 보기를 참고로 하여 주어진 문장들을 바꿔봅시다.

ex) 잘리고 싶지 않으면 서두르는 게 좋을 거야.

(1) 안 바뀌었으면 이게 걔 번호 맞을 거야.
→ 정답 : This should be his number unless it's changed.
(2) 다른 일 할 거 없으면 있다가 저녁 먹고 가.
→ 정답 : Stay for dinner unless you have other things to do.
(3) 안 바쁘면 저녁 먹으러 나가자.
→ 정답 : Let's go out for dinner unless you're busy.

C. 알맞은 표현으로 다음 각 대화문을 완성해보세요.

(1) A: 피자 한 판 먹을래?　　　　　　　　　　→ 정답 : if
B: 네가 산다면, 콜.
(2) A: 나 잘생긴 것 같지 않아?　　　　　　　　→ 정답 : If
B: 네가 잘생긴 거면, 난 데이비드 베컴이다.
(3) A: 더 좋은 의견이 없다면 난 중국 음식 시킬 거야.　→ 정답 : unless
B: 중국 음식 좋지.
(4) A: 아슬아슬하긴 하지만, 내일 아침에 그렇게 해도 회사에 제때　→ 정답 : unless
도착할 시간이 될 것 같아.
B: 내가 너라면 모험하지 않겠어. 누구처럼 회사에서 잘리려고
애쓰는 게 아니라면 또 늦으면 안 되니까.

Check This Out

1) "if"가 이끄는 절과 주절의 인과관계를 강조하고자 할 때는 "If …, then …"처럼 표현해요.
참고로, "if"의 의미 속에 이미 "then"의 의미가 포함돼 있기 때문에 "If …, then …"이라고
표현할 경우 문법에 엄격한 사람들은 틀렸다고 보기도 해요. 하지만 중복된 느낌이 나도
대화 시에는 그냥 그렇게 말해야 좀 더 매끄러운 느낌이 나는 표현들도 있는데, "If …,
then …"도 그러한 표현에 해당한답니다.

2) "unless"는 단순히 "if … not(~하지 않으면, ~이 아니라면)"이라는 뜻 외에도 "~하지 않는
한", "~이 아닌 이상", "~한 경우 외에는"처럼 무언가 필수적인 조건을 말하는 느낌을 주기도
해요.

111 After you.

(너) 먼저 가. / (너) 먼저 타. / (너) 먼저 해.

Gotta Know

A. Let's look at the example and change the sentences accordingly.

ex) Don't eat before you wash your hands.
→ Wash your hands (first) before you eat.

(1) Don't watch TV before you finish your homework.
→ _____.

(2) Don't decide before you ask your wife.
→ _____.

B. Use the *Cheat Box* to fill in the blanks.

(1) I knew _____ before that.

(2) I saw a car accident happening before my _____ eyes.

(3) Have you done this before?

(4) Let me know after you talk to her.

(5) We should meet up after _____.

(6) The traffic will be terrible after four p.m.

(7) It's up to you. After _____, you're not gonna listen to us.

(8) She came back _____ after.

(9) Soon after, he threw up.

Cheat Box

all
long
very
dinner
shortly

Gotta Remember

C. Complete the dialogues.

(1) A: My digital camera died on me.
B: See if you can get it fixed _____ throwing it away.

(2) A: That wasn't my intention _____.
B: I know, but I don't think Danny does.

(3) A: I'm doing nothing tonight.
B: Do you want to come over to my place for dinner and catch a flick _____ that?

100   After you.

A. 보기를 참고로 하여 주어진 문장들을 바꿔봅시다.

ex) 손 씻기 전에 먹지 마. → 먹기 전에 손부터 씻어.

(1) 숙제 끝내기 전에 TV 보지 마.
  → 정답 : Finish your homework (**first**) before you watch TV.
    TV 보기 전에 숙제부터 끝내.

(2) 네 아내에게 물어보기 전에 결정하지 마.
  → 정답 : Ask your wife (**first**) before you decide.
    네 아내에게 먼저 물어보고 나서 결정해.

B. Cheat Box 속 표현들로 빈칸을 채워보세요.

(1) 난 그보다 훨씬 전에 알고 있었어.　　　　　　　　　　　→ 정답 : long
(2) 난 바로 눈앞에서 자동차 사고가 발생하는 걸 목격했어.　　→ 정답 : very
(3) 너 전에 이거 해본 적 있어?
(4) 걔랑 얘기해보고 나서 나한테 알려줘.
  / 걔랑 통화해보고 나서 나한테 알려줘.
(5) 우리 저녁 먹고 만나자.　　　　　　　　　　　　　　　　→ 정답 : dinner
(6) 오후 4시 이후에는 차가 엄청 막힐 거야.
(7) 네가 정해. 어차피 넌 우리 말 안 들을 거잖아.　　　　　　→ 정답 : all
(8) 걘 금방 돌아왔어. / 걘 얼마 안 있어서 돌아왔어.　　　　　→ 정답 : shortly
(9) 잠시 후 걘 먹은 걸 토했어.

C. 알맞은 표현으로 다음 각 대화문을 완성해보세요.

(1) A: 내 디카 완전히 망가졌어.　　　　　　　　　　　　　→ 정답 : before
  B: 갖다버리기 전에 수리받을 수 있는지 한번 봐 봐.

(2) A: 어찌 됐건 그건 내가 의도한 바가 아니었어.　　　　　　→ 정답 : after all
  B: 난 그걸 알지만 대니는 모를걸.

(3) A: 나 오늘 밤에 아무것도 안 해.　　　　　　　　　　　　→ 정답 : after
  B: 우리 집에 와서 저녁 같이 먹고, 그 후에 영화 한 편 볼래?

Check This Out

1) "after"과 "before"은 전치사로도 쓰일 수 있기 때문에, 뒤에는 동명사를 비롯해 다양한 명사들이 등장할 수 있어요.

2) "after all"은 크게 두 가지 뜻으로 쓰여요. 먼저, 무언가가 "예상과는 달라졌다" 또는 "애초의 의도와는 달라졌다"는 의미에서 "**결국에는**", "**의외로**"라는 뜻으로 쓰이는데, 이런 의미일 때는 대부분 문장 끝에 등장해요. 이와 헷갈리는 표현으로는 "finally", "at last", "in the end"가 있는데, 이들은 "예상 또는 기대했던 대로 되었다"는 의미에서 "**마침내**", "**드디어**", "**결국**"이라는 뜻으로 쓰인답니다. 두 번째는 이미 알고 있었던 이유를 다시 되새겨주려는 의도로 "**어쨌든**", "**어차피**"라는 뜻으로 쓰여요. 이런 의미일 땐 "anyway"로 바꿔서 표현할 수도 있으며, 문장 맨 앞에 등장하기도 하고 맨 끝에 등장하기도 한답니다.

Gotta Know

A. Let's match A1 through A6 to B1 through B6.

A1) I'm saving money ... •   • B1) ... so I stayed home.

A2) I was tired, ... •   • B2) ... so I went to sleep early.

A3) I was sick, ... •   • B3) ... so I wouldn't be late.

A4) I was late ... •   • B4) ... so I can buy a car next month.

A5) I had to run ... •   • B5) ... because I haven't eaten anything yet.

A6) I'm hungry ... •   • B6) ... because I missed the subway.

B. Use the *Cheat Box* to fill in the blanks.

(1) Because?

(2) Because of _____?

(3) _____ because.

(4) It's _____ 'cause of you.

(5) It's not because of you.

(6) Is it because of me?

(7) I'm not _____ this because of money.

(8) I was ticketed for _____.

Cheat Box	
all	doing
just	speeding
what	

Gotta Remember

C. Complete the dialogues. (Some answers may vary.)

(1) A: I'm stressed out.
   B: Is it _____ your boss again?

(2) A: What did you do today?
   B: Well, I was tired, _____ I took a nap.

(3) A: Why does Joe look so embarrassed?
   B: He was scolded _____ being late.

(4) A: What're you doing now?
   B: I'm working on my homework
      _____ I can go out tonight.

A. 이어질 알맞은 표현을 찾아 각 문장을 완성해봅시다.

A1) → 정답 : B4) I'm saving money so I can buy a car next month.
난 다음 달에 차 사려고 돈 모으는 중이야.

A2) → 정답 : B2) I was tired, so I went to sleep early.
난 피곤해서 일찍 잠자리에 들었어.

A3) → 정답 : B1) I was sick, so I stayed home.
난 아파서 집에 있었어.

A4) → 정답 : B6) I was late because I missed the subway.
나 지하철 놓쳐서 늦었어.

A5) → 정답 : B3) I had to run so I wouldn't be late.
난 지각 안 하려고 뛰어야 했어.

A6) → 정답 : B5) I'm hungry because I haven't eaten anything yet.
나 아직 아무것도 못 먹어서 배고파.

B. Cheat Box 속 표현들로 빈칸을 채워보세요.

(1) 이유는?
(2) 뭐 때문에?　　　　　　　　　　　　→ 정답 : what
(3) 그냥.　　　　　　　　　　　　　　→ 정답 : Just
(4) (그건) 다 너 때문이야.　　　　　　　→ 정답 : all
(5) (그건) 너 때문이 아니야.
(6) (그게) 나 때문이야?
(7) 난 돈 때문에 이러는 게 아니야.　　　→ 정답 : doing
(8) 난 속도위반으로 딱지 끊었어.　　　　→ 정답 : speeding

C. 알맞은 표현으로 다음 각 대화문을 완성해보세요. (일부 정답은 응답자에 따라 다를 수 있음)

(1) A: 스트레스받아.　　　　　　　　　→ 정답 : because of
　　B: 또 상사 때문이야?

(2) A: 너 오늘 뭐 했어?　　　　　　　　→ 정답 : so
　　B: 글쎄, 피곤해서 낮잠 잤어.

(3) A: 조는 왜 그렇게 창피한 표정을 하고 있는 거야?　→ 정답 : for
　　B: 늦어서 꾸중 들었거든.

(4) A: 너 지금 뭐 해?　　　　　　　　　→ 정답 : so (that)
　　B: 난 오늘 밤에 나가서 놀려고 숙제하는 중이야.

Check This Out

1) "so that ..."은 "~하기 위해", "~하도록"이라는 뜻이에요. 대화 시에는 주로 "that"을 생략하고 말해서 **"그래서"**라는 뜻의 **"so"**와 헷갈리기도 하죠.

I wish I were rich.
내가 부유하면 좋을 텐데.

A. Let's look at the examples and make sentences accordingly.

ex1) I'm not funny.　　　　→ I wish I **were** funny.
ex2) I don't know how to play the guitar.
　　　　　　　　　　→ I wish I knew how to play the guitar.

(1) I'm not a billionaire.　　→ _____ a billionaire.
(2) I don't have a girlfriend　→ _____ a girlfriend.
(3) I'm too short.　　　　　→ _____ so short.
(4) I can't quit my job.　　　→ _____ my job.

ex3) I didn't know about this.
　　　→ I wish I had known about this.

(5) I didn't take notes.
　　→ _____ notes.
(6) You didn't tell me ahead of time.
　　→ _____ me ahead of time.

Gotta Remember

B. Make any sentences you want using the phrase "I wish …"

(1) I wish _____.
(2) I wish _____.
(3) I wish _____.
(4) I wish _____.

C. Complete the dialogues using the given phrases.

(1) A: _____.　　(speak English fluently)
　　B: You're not as bad as you think.

(2) A: _____.　　　(tell her the truth)
　　B: It's too late for regrets.

(3) A: You could've just canceled your order.　(think of that earlier)
　　B: _____.

104　I wish I were rich.

A. 보기를 참고로 하여 문장들을 만들어봅시다.

ex1) 난 남을 잘 못 웃겨. → 내가 유머러스하면 좋을 텐데.
ex2) 난 기타 칠 줄 몰라. → 내가 기타 칠 줄 알면 좋을 텐데.

(1) 난 억만장자가 아니야. → 정답 : I wish I **were** a billionaire.
내가 억만장자라면 좋을 텐데.

(2) 난 여자 친구가 없어. → 정답 : I wish I **had** a girlfriend.
나한테 여자 친구가 있으면 좋을 텐데.

(3) 난 키가 너무 작아. → 정답 : I wish I **weren't** so short.
내가 이렇게 작지 않으면 좋을 텐데.

(4) 난 직장을 때려치울 수 없어. → 정답 : I wish I **could quit** my job.
내가 직장을 때려치울 수 있으면 좋을 텐데.

ex3) 난 이 사실을 몰랐어. → 내가 이 사실을 알았으면 좋았을 텐데.

(5) 난 노트 필기를 하지 않았어. → 정답 : I wish I **had taken** notes.
내가 노트 필기를 했더라면 좋았을 텐데.

(6) 넌 내게 미리 말해주지 않았어. → 정답 : I wish you **had told** me ahead of time.
네가 내게 미리 말해줬더라면 좋았을 텐데.

B. 다음 문장들은 참고용입니다. "I wish ..."를 이용해 자유롭게 문장을 만들어보세요.

(1) I wish <u>I were younger</u>. 내가 나이가 더 젊으면 좋을 텐데.
(2) I wish <u>I had a laid-back job</u>. 회사 일이 좀 널널하면 좋을 텐데.
(3) I wish <u>I could drive</u>. (내가) 운전할 수 있으면 좋을 텐데.
(4) I wish <u>I had been there, too</u>. 나도 거기 있었으면 좋았을 텐데.
/ 나도 거기 갔으면 좋았을 텐데.

C. 주어진 표현들을 이용해 다음 각 대화문을 완성해보세요.

(1) A: 영어를 더 유창하게 말하면 좋을 텐데.
B: 네 실력은 네가 생각하는 것만큼 나쁘진 않아.
→ 정답 : I wish I spoke English fluently.

(2) A: 내가 걔한테 사실대로 말했더라면 좋았을 텐데.
B: 후회하긴 너무 늦었어.
→ 정답 : I wish I had told her the truth.

(3) A: 그냥 주문한 거 취소하면 됐잖아.
B: 그걸 좀 더 일찍 생각했더라면 좋았을 텐데.
→ 정답 : I wish I had thought of that earlier.

Check This Out

1) "(~라면/~하면) 좋을 텐데"처럼 "현재의 아쉬움"을 표현하고 싶을 때는 "I wish ..." 뒤에 "과거 시제"로 표현해야 해요. 단, be동사는 무조건 "**were**"라고 표현해야 하죠.

2) "(~였으면/~했으면) 좋았을 텐데"처럼 "과거의 아쉬움"을 표현하고 싶을 때는 "I wish ..." 뒤에 "과거완료 시제(had p.p.)"로 표현해야 해요.

114 **If only I were you!**
내가 너라면 (좋을 텐데)!

Gotta Know

A. Let's look at the examples and change the sentences accordingly.

ex1) I'm not rich. → If only I were rich!

(1) I can't tell you. → _____!

(2) I have to go. → _____!

(3) You're not here. → _____!

(4) I don't know his number. → _____!

ex2) What would happen if I made a mistake? → What if I make a mistake?

(5) What would happen if she said no? → _____?

(6) What would happen if he told on me? → _____?

(7) What would happen if it rained tomorrow? → _____?

(8) What would happen if it were sold out? → _____?

Gotta Remember

B. Make any sentences you want using the given phrases.

(1) If only _____!

(2) If only _____!

(3) What if _____?

(4) What if _____?

C. Correct the underlined parts.

(1) A: Look at her. She's gorgeous. Why don't you go buy her a drink?
B: She's out of my league.
   If only I was better-looking!

(2) A: If only I took his advice!
B: I told you so!

(3) A: What if I'm not late?
B: You'd better not be!

(4) A: What if it'll be cold tomorrow?
B: Who cares? We'll still go.

A. 보기를 참고로 하여 주어진 문장들을 바꿔봅시다.

ex1) 난 부유하지 않아.   → 내가 부자라면 (좋을 텐데)!

(1) 난 너한테 말해줄 수 없어.   → 정답 : If only I **could** tell you!
                                        내가 너한테 말해줄 수 있다면 (좋을 텐데)!

(2) 난 가야 해.   → 정답 : If only I **didn't** have to go!
                                        내가 안 가도 된다면 (좋을 텐데)!

(3) 넌 여기 없어.   → 정답 : If only you **were** here!
                                        네가 여기 있으면 (좋을 텐데)!

(4) 난 걔 번호 몰라.   → 정답 : If only I **knew** his number!
                                        내가 걔 번호를 안다면 (좋을 텐데)!

ex2) 내가 실수하면 (어쩌지)?

(5) 걔가 싫다고 하면 (어쩌지)?   → 정답 : What if she says no?
(6) 걔가 날 고자질하면 (어쩌지)?   → 정답 : What if he tells on me?
(7) 내일 비가 오면 (어쩌지)?   → 정답 : What if it rains tomorrow?
(8) 그거 다 팔렸으면 (어쩌지)?   → 정답 : What if it's sold out?

B. 다음 문장들은 참고용입니다. 주어진 표현들을 이용해 자유롭게 문장을 만들어보세요.

(1) If only I can speak French!   내가 불어를 할 줄 안다면 (좋을 텐데)!
(2) If only I had known you then!   내가 그때 널 알았더라면 (좋을 텐데)!
(3) What if you're wrong?   네 말이 틀리면 (어쩌지)?
(4) What if she's not coming?   걔가 안 오면 (어쩌지)?

C. 밑줄 친 부분을 바르게 고쳐보세요.

(1) A: 쟤 좀 봐. 끝내주네. 가서 한 잔 사지 그래?   → 정답 : I were
    B: 내가 넘볼 상대가 아니야. 내가 더 잘 생겼으면 좋을 텐데!

(2) A: 내가 걔 충고를 받아들였더라면 좋았을 텐데!   → 정답 : I had taken
    B: 내가 뭐랬냐!

(3) A: 나 늦으면 어쩌지?   → 정답 : I'm
    B: 그랬다간 알아서 해!

(4) A: 내일 날씨가 추우면 어쩌지?   → 정답 : it's
    B: 무슨 상관이야? 그래도 가는 거지, 뭐.

Check This Out

1) 현재가 아니라 과거의 상황이 달랐었길 바라는 경우에는 "If only ...!" 뒤에 과거완료 시제 (had p.p.)로 표현해요.

2) "What if ...?"는 "~하면 (어쩌지)?"라는 뜻 외에도 "~하면 (어쩔 건데)?"라는 뜻으로도 쓰여요.

It's time for a break.

(이제) 쉬는 시간이야.

A. Let's practice the dialogues using the given information.

A: What time is it now?
B: It's almost 11.
A: Already? I guess it's about time to hit the sack.

① around 07:15 / have dinner
② nearly 06:30 / get up
③ about 05:50 / wrap things up
④ close to 08:00 / go to work

A: I'm gonna call her now.
B: Don't you think it's too late to call?

⑤ apologize to her
⑥ ask him why
⑦ go to his place
⑧ cancel my flight

B. Make any sentences you want using the given phrases.

(1) It's time to _____.
(2) It's time to _____.
(3) It's too late to _____.
(4) It's too late to _____.

C. Complete the dialogues. (Some answers may vary.)

(1) A: It's time to _____.
    B: Already? Can we play a little more?

(2) A: It's time to _____.
    B: Already? But I'm not sleepy.

(3) A: It's time to _____.
    B: Oh no. I really don't want to go to school.
       Can I skip just for today?
    A: You're joking, right?

(4) A: I shouldn't have said that.
    B: Don't you think it's too late to _____
       about that?

A. 주어진 정보를 이용해 다음 대화문들을 연습해봅시다.

> A: 지금 몇 시야?
> B: 거의 11시 다 됐어.
> A: 벌써? 이제 슬슬 자러 갈 시간이 된 것 같네.

> ① 대략 7시 15분쯤 / **저녁을 먹다**
> ② 거의 6시 30분쯤 / **일어나다**
> ③ 대략 5시 50분쯤 / **정리하고 마무리하다**
> ④ 거의 8시쯤   / **출근하다**

> A: 나 지금 걔한테 전화할 거야.
> B: 전화하기엔 너무 늦은 것 같지 않아?

> ⑤ 걔한테 사과하다
> ⑥ 걔한테 이유를 물어보다
> ⑦ 걔 집에 가다
> ⑧ 내 비행기 예약한 것을 취소하다

B. 다음 문장들은 참고용입니다. 주어진 표현들을 이용해 자유롭게 문장을 만들어보세요.

(1) It's time to <u>get going</u>.   이제 가야 할 시간이야.
(2) It's time to <u>take the dog for a walk</u>.   이제 개 산책시킬 시간이야.
(3) It's too late to <u>stop now</u>.   이제 와서 그만두긴 너무 늦었어.
(4) It's too late to <u>say sorry</u>.   미안하다고 하긴 너무 늦었어.

C. 알맞은 표현으로 다음 각 대화문을 완성해보세요. (일부 정답은 응답자에 따라 다를 수 있음)

(1) A: 이제 집에 갈 시간이야.   → 정답 : go home
     B: 벌써요? 우리 좀 더 놀면 안 돼요?

(2) A: 잘 시간 됐어.   → 정답 : go to bed
     B: 벌써? 하지만 난 안 졸린데.

(3) A: 이제 일어나야지.   → 정답 : wake up
     B: 아, 오늘은 진짜 학교 가기 싫다. 오늘만 땡땡이치면 안 돼요?   / get up
     A: 너 지금 농담하는 거지?

(4) A: 그런 말 하지 말아야 했는데.   → 정답 : worry
     B: 그 걱정하긴 너무 늦었다고 생각하지 않아?
        (그걸 이제서야 걱정하고 있냐?)

Check This Out

1) 무언가를 할 시간이라고 말할 때는 간단히 "It's time for …"라고 표현할 수도 있어요. "for" 뒤에는 어떤 행동과 관련된 명사가 등장하죠.
   ex) It's time for bed.   잘 시간이야.
   ex) It's time for a coffee break.   커피 브레이크야.
   ex) It's almost time for the last bus.   막차 시간 거의 다 됐어.
   ※ coffee break : 잠시 쉬면서 커피를 마시는 휴식 시간

2) 이미 뭔가를 할 시간이 지났다고 말할 때는 "It's too late (to …)"이라고 표현해요. 구체적으로 때가 얼마나 늦었는지 밝혀주고 싶을 때는 "too late" 앞에 기간을 표현해주면 되죠.
   ex) It's two days too late.   이미 이틀이나 늦었어.

116 What's your favorite?
넌 뭘 제일 좋아해?

Gotta Know

A. Let's practice the dialogue using the given information.

A: What's your favorite <u>fruit</u>?
B: I love <u>strawberries</u>.
   What's your favorite?
A: My favorite is <u>grapes</u>.

① color	/ red	/ yellow
② vegetable	/ carrots	/ pumpkins
③ season	/ spring	/ winter
④ pet	/ dogs	/ hedgehogs

B. Use the *Cheat Boxes* to fill in the blanks.

(1) What's your _____ favorite fruit?

(2) He's my boss's favorite _____.

(3) This is my favorite hang-out _____.

(4) This is one of my favorite bars.

(5) This is everyone's favorite.

(6) It's one of my favorites.

(7) I have _____ favorites.

(8) Why do you always _____ favorites with her?

Cheat Box	
no	spot
pet	least
play	

(9) Don't be such a couch _____.

(10) I'm in such a _____.

(11) They're like two _____ in a pod.

(12) Don't spill the _____.

(13) It costs _____.

Cheat Box	
peas	potato
beans	peanuts
pickle	

Gotta Remember

C. Answer the questions below.

(1) Q: What's your favorite movie?
   A: _____ .

(2) Q: What's your favorite day of the week and why?
   A: _____
   _____ .

Translations & Answers

A. 주어진 정보를 이용해 다음 대화문을 연습해봅시다.

A: 넌 무슨 과일을 제일 좋아해?
B: 난 딸기를 정말 좋아해. 넌 뭘 제일 좋아해?
A: 내가 제일 좋아하는 건 포도야.

① 색깔	/ 빨간색	/ 노란색
② 채소	/ 당근	/ 호박
③ 계절	/ 봄	/ 겨울
④ 애완동물	/ 개	/ 고슴도치

B. Cheat Box 속 표현들로 빈칸을 채워보세요.

(1) 네가 제일 싫어하는 과일은 뭐야?　　　　　→ 정답 : least
(2) 걘 사장한테 엄청 이쁨받는 왕재수야.　　　→ 정답 : pet
(3) 여기가 내가 가장 놀기 좋아하는 장소야.　　→ 정답 : spot
(4) 여기가 내가 제일 좋아하는 술집 중 하나야.
(5) 이건 누구나 다 좋아하는 거야.
(6) 그게 내가 제일 좋아하는 것 중 하나야.
(7) 난 선호하는 게 없어.　　　　　　　　　　→ 정답 : no
(8) 넌 왜 항상 걔만 편애해?　　　　　　　　　→ 정답 : play

- -

(9) 그렇게 앉아서 TV만 보지 마.　　　　　　　→ 정답 : potato
(10) 나 완전 망했어. (나 지금 정말 곤란한 상황에 처했어.)　→ 정답 : pickle
(11) 걔넨 완전 똑같이 생겼어.　　　　　　　　→ 정답 : peas
(12) 비밀 누설하지 마.　　　　　　　　　　　→ 정답 : beans
(13) 그건 돈 거의 안 들어. / 그건 거의 껌값이야.　→ 정답 : peanuts

C. 다음 응답들은 참고용입니다. 각 질문에 자유롭게 응답해보세요.

(1) Q: What's your favorite movie?
　　A: I don't really have a favorite, but I like sci-fi movies and romantic comedies.
　　　Q: 당신은 어떤 영화를 제일 좋아하나요?
　　　A: 딱히 특별히 좋아하는 건 없지만, 공상과학 영화랑 로맨틱 코미디를 좋아해요.

(2) Q: What's your favorite day of the week and why?
　　A: Friday because I get to hang out with my best friends.
　　　Q: 당신은 일주일 중 어느 요일을 제일 좋아하나요?
　　　A: 금요일요. 절친들이랑 만나서 놀 수 있거든요.

Check This Out

1) "favorite"는 "특별히 좋아하는", "아주 좋아하는"이라는 뜻이라서 굳이 "most favorite" 처럼 표현하지 않아도 "가장 좋아하는", "제일 좋아하는"이라는 뜻으로 사용되는 경우가 많아요. 물론, "가장"이라는 의미를 강조하기 위해 "most"를 생략하지 않고 "most favorite" 라고 표현하기도 하죠.

2) "favorite"는 이 자체로도 "가장 좋아하는 것", "가장 좋아하는 사람"이라는 뜻의 명사로 쓰이기 때문에 어떤 대상을 말하는지 서로 아는 경우에는 "favorite" 뒤의 명사를 생략하고 "favorite" 자체를 명사로 사용해요. 물론, 복수로 표현해야 할 상황에서는 "favorites" 라고 해야겠죠?

117 | There's only a little milk left.
남은 우유가 조금밖에 없어.

Gotta Know

A. Let's look at the examples and complete the sentences accordingly.

ex1) **a bus stop** → <u>There's a bus stop</u> just down the road.
ex2) **a lot of rumors** → <u>There **are** a lot of rumors</u> going around about you.
ex3) **no water** → <u>There isn't any water</u> left in this canteen.

(1) **a gas station** → _____ nearby.
(2) **50 odd people** → _____ here.
(3) **no juice** → _____ left in this battery.
(4) **a clog** → _____ in the bathroom sink.
(5) **bigger problems** → _____ just waiting to happen.
(6) **no drinks** → _____ here without sugar.

B. Use the *Cheat Box* to fill in the blanks.

(1) There's your name _____ it.
(2) There's a first time _____ everything.
(3) There's a car coming.
(4) There's only one condition.
(5) There's _____ one more question.
(6) There's just something _____ her.
(7) There are _____ exceptions.
(8) I hope there are _____ hard feelings.

Cheat Box
no
on
for
just
about
always

Gotta Remember

C. Complete the sentences. (Answers may vary.)

ex) <u>There are seven days</u> in a week.

(1) _____ in June.
(2) _____ in the United States.
(3) _____ in the English alphabet.
(4) _____ orbiting around the Earth.

A. 보기를 참고로 하여 각 문장을 완성해봅시다.

ex1) 길 바로 아래쪽에 버스 정류장이 (하나) 있어.
ex2) 너에 관해 무성한 소문이 돌고 있어.
ex3) 이 물통엔 남은 물이 없어.

(1) 근처에 주유소가 (하나) 있어.   → 정답 : There's a gas station nearby.
(2) 여기 50명 남짓한 사람들이 있어. → 정답 : There're 50 odd people here.
(3) 이 건전지는 다 썼어.   → 정답 : There isn't any juice left in this battery.
(4) 욕실 세면대가 막혔어.   → 정답 : There's a clog in the bathroom sink.
(5) 더 큰 문제들이 곧 들이닥칠 거야.
    → 정답 : There're bigger problems just waiting to happen.
(6) 여긴 설탕 안 들어간 음료는 없어.
    → 정답 : There aren't any drinks here without sugar.

B. Cheat Box 속 표현들로 빈칸을 채워보세요.

(1) (거기에) 네 이름이 (쓰여) 있어.   → 정답 : on
(2) 뭐든 처음이란 게 있는 법이야.   → 정답 : for
(3) (저기) 차가 한 대 오고 있어.
(4) 딱 한 가지 조건이 있어.
(5) 물어볼 게 딱 하나 더 있어.   → 정답 : just
(6) 걔한테 분명 뭔가 (묘한 매력이/의심스러운 부분이) 있어. → 정답 : about
(7) 예외는 항상 있기 마련이야.   → 정답 : always
(8) 서운한 거 없길 바라.   → 정답 : no

C. 다음 문장들은 참고용입니다. 자유롭게 문장들을 완성해보세요.

ex) 일주일에는 7일이 있어.

(1) 6월에는 30일이 있어.   → 정답 : There are 30 days in June.
(2) 미국에는 50개의 주가 있어.   → 정답 : There are 50 states in the United States.
(3) 영어 알파벳에는 26글자가 있어. → 정답 : There are 26 letters in the English alphabet.
(4) 지구 주위를 도는 달은 딱 하나 있어.
    → 정답 : There's only one moon orbiting around the Earth.

Check This Out

1) "There is/are …"는 "있다"라는 존재 사실 자체를 말하는 표현이에요. be동사도 "있다"라는
   뜻으로 사용될 수 있지만, 존재 사실보다 그 대상이 어디에 있는지, 즉 위치를 말하고자 하는
   성격이 강하죠.
2) 과거에 "~이 있었다"는 사실을 말하려면 "There was …" 또는 "There were …"라고 표현
   하고, 미래에 "~이 있을 것이다"라고 말하려면 "There will be …"라고 표현하면 돼요.
   ex) There was a traffic accident.   차 사고가 있었어.
   ex) There will be better things to come. 더 좋은 일들이 생길 거야.
3) 문법적으로 틀린 표현이긴 해도 대화 시에는 대상이 복수인데도 "There's …"라고 말하는
   것을 가끔 들을 수 있어요. 단, 이 경우엔 "There is …"처럼 풀어서 말하진 않아요.
   ex) Make sure there's no **problems**.   반드시 아무 문제가 없도록 해.

118 There's plenty of time.

시간 많아. / 시간 충분해.

Gotta Know

A. Use the *Cheat Box* to fill in the blanks.

(1) We have a lot of _____ to solve.

(2) Make sure you drink lots of _____ every day.

(3) I've made a ton of _____ so far.

(4) I ran into tons of _____ on the way back.

(5) Make sure you get plenty of _____ for tomorrow.

(6) I have a bunch of _____ to do today.

Cheat Box

rest
stuff
water
traffic
mistakes
problems

B. Let's look at the examples and complete the sentences accordingly.

ex1) x,000   → Bill spent thousands of dollars on his car.

(1) x00   → There were _____ people at the beach.

(2) x,000,000   → He has _____ fans worldwide.

ex2) x months   → This test requires months of dedicated preparation.

(3) x weeks   → The weather is great now after _____ winter storms.

(4) x years   → He finally got promoted after _____ hard work.

Gotta Remember

C. Complete the dialogues. (Answers may vary.)

(1) A: Are you busy this afternoon?
   B: I am. I have _____ places that I need to go to.

(2) A: Why didn't you come over?
   B: _____ things came up.

(3) A: Were there a lot of people at the concert?
   B: Yeah, there were _____ people.

(4) A: Can we take a cab?
   B: I don't think so. We have no money
     but _____ time. So, let's just walk.

A. 다음은 회화 시 자주 사용되는 "많다"는 의미의 표현들을 소개한 것입니다. Cheat Box 속 표현들로 빈칸을 채워보세요.

(1) 우린 해결해야 할 문제가 많아. → 정답 : problems

(2) 매일 반드시 물을 많이 마시도록 해. → 정답 : water

(3) 난 지금까지 수많은 실수를 저질러왔어. → 정답 : mistakes

(4) (나) 돌아오는 길에 차가 엄청나게 막혔어. → 정답 : traffic

(5) 반드시 내일을 위해 충분히 쉬도록 해. → 정답 : rest

(6) 나 오늘 할 게 이것저것 좀 많아. → 정답 : stuff

B. 보기를 참고로 하여 각 문장을 완성해봅시다.

ex1) 빌은 자기 자동차에 수천 달러를 썼어.

(1) → 정답 : There were hundreds of people at the beach.
　　　　해변에 수백 명의 사람이 있었어.

(2) → 정답 : He has millions of fans worldwide.
　　　　그는 전 세계에 수백만 명의 팬이 있어.

ex2) 이 시험은 몇 달 동안 집중해서 준비해야 해.

(3) → 정답 : The weather is great now after weeks of winter storms.
　　　　몇 주간의 겨울 폭풍이 지나가고, 이젠 날씨가 끝내줘.

(4) → 정답 : He finally got promoted after years of hard work.
　　　　걘 수년간 열심히 일한 끝에 마침내 승진했어.

C. 알맞은 표현으로 다음 각 대화문을 완성해보세요. (정답은 응답자에 따라 다를 수 있음)

(1) A: 너 오늘 오후에 바빠?
　　B: 응. 가야 할 곳들이 많아. → 정답 : a bunch of

(2) A: 너 왜 안 왔어?
　　B: 많은 일들이 생겨서. → 정답 : Lots of

(3) A: 콘서트에 사람이 많았어?
　　B: 응, 수천 명은 됐어. → 정답 : thousands of

(4) A: 우리 택시 타도 돼?
　　B: 안 돼. 우린 돈은 없고 시간은 넘쳐나니까 그냥 걷자. → 정답 : plenty of

Check This Out

1) "a lot of"와 "lots of"가 살짝 다르다고 말하는 사람들도 있지만, 현대 영어에서는 거의 동일한 의미로 사용되며, "a lot of"가 사용되는 곳에는 거의 대부분 "lots of"도 사용될 수 있어요. 이 둘은 끝에 "of"를 빼고 그냥 명사처럼 사용되기도 하죠.

2) "수십 개의", "수십 명의"라고 표현할 때는 "tens of"가 아니라 "dozens of"라고 표현해요. "tens of"는 "수만의(tens of thousands of)"처럼 자릿수를 맞출 때 사용하죠.

119 How much do you need?

너 (돈) 얼마 필요해? / 너 (돈) 얼마나 필요해?

Gotta Know

A. Let's practice the dialogues using the given information.

only a few **pens**	A: How many <u>pens</u> do you want? B: <u>Only a few.</u>

→

① quite a few **tickets**

② not many **markers**

just a little **flour**	A: How much <u>flour</u> do you need? B: <u>Just a little.</u>

→

③ a lot of **sugar**

④ not much **salt**

B. Let's look at the examples and make questions accordingly.

ex1) I need some **batteries**. → How **many** batteries do you need?

(1) I have three classes tomorrow. → _____ ?
(2) I invited a lot of friends. → _____ ?
(3) I called you several times. → _____ ?

ex2) I have tons of **homework**. → How **much** homework do you have?

(4) I have a few minutes. → _____ ?
(5) I drank two cups of milk. → _____ ?
(6) I didn't get much sleep last night. → _____ ?

Gotta Remember

C. Rearrange the words to complete the dialogues.

(1) A: How many _ buy / did / books / you _ ?
   B: I bought two.
   A: Mind if I borrow them after you finish reading them?

(2) A: How much _ spend / you / did / money _ ?
   B: About two grand.

(3) A: How many _ have / finals / time / do / this / you _ ?
   B: I have five. Crazy, right?

(4) A: How much _ drink / today / you / water / did _ ?
   B: I had about five glasses.

A. 주어진 정보를 이용해 다음 대화문들을 연습해봅시다.

몇 개밖에 안 되는 펜	A: 펜 몇 개 줄까? B: 몇 개만 주면 돼.	→	① 꽤 많은 티켓 ② 많지 않은 매직펜
조금밖에 안 되는 밀가루	A: 너 밀가루 얼마나 필요해? B: 조금만 있으면 돼.	→	③ 많은 설탕 ④ 많지 않은 소금

B. 보기를 참고로 하여 질문들을 만들어봅시다.

ex1) 나 건전지가 좀 필요해.　　→ 너 건전지 몇 개 필요해?

(1) 나 내일 수업 세 개 있어.　　→ 정답 : How **many** classes do you have tomorrow?
　　　　　　　　　　　　　　　　 너 내일 수업 몇 개 있어?

(2) 난 많은 친구들을 초대했어.　→ 정답 : How **many** friends did you invite?
　　　　　　　　　　　　　　　　 너 친구 몇 명이나 초대했어?

(3) 나 너한테 몇 번 전화했어.　 → 정답 : How **many** times did you call me?
　　　　　　　　　　　　　　　　 너 나한테 전화 몇 번 했어?

ex2) 나 숙제가 산더미야.　　　 → 너 숙제 얼마나 있어?

(4) 나 몇 분 정도 시간 있어.　 → 정답 : How **much** time do you have?
　　　　　　　　　　　　　　　　 너 시간 얼마나 있어?

(5) 난 우유 두 컵 마셨어.　　 → 정답 : How **much** milk did you drink?
　　　　　　　　　　　　　　　　 너 우유 얼마나 마셨어?

(6) 나 어젯밤에 잠을 별로 못 잤어. → 정답 : How **much** sleep did you get last night?
　　　　　　　　　　　　　　　　 너 어젯밤에 잠 얼마나 잤어?

C. 단어들을 재배열하여 각 대화문을 완성해보세요.

(1) A: 너 책 몇 권 샀어?　　　　 → 정답 : How many <u>books did you buy</u>?
　　B: 두 권 샀어.
　　A: 너 다 읽으면 내가 빌려도 돼?

(2) A: 넌 돈 얼마나 썼어?　　　 → 정답 : How much <u>money did you spend</u>?
　　B: 2천 달러 정도.

(3) A: 너 이번에 기말고사 몇 개야? → 정답 : How many <u>finals do you have this time</u>?
　　B: 다섯 개 있어. 미쳤지?

(4) A: 넌 오늘 물을 얼마나 마셨어? → 정답 : How much <u>water did you drink today</u>?
　　B: 다섯 잔 정도 마셨어.

Check This Out

1) "many"는 셀 수 있는 대상을, "much"는 셀 수 없는 대상을 꾸며줘요. 이들 외에 "a lot of", "lots of", "a ton of", "tons of", "plenty of", "a bunch of" 등 "많다"는 의미로 사용되는 표현들은 대부분 셀 수 있는 대상과 셀 수 없는 대상을 모두 꾸며줄 수 있답니다.

Gotta Know

A. **Let's practice the dialogues. Replace the underlined sentences with the ones in the *Ready-to-Use Box*.**

(1) A: I'm starving to death. Can I have some bread?
    B: <u>Of course.</u>

(2) A: I'm getting thirsty. Can I get a cup of tea?
    B: <u>Yeah, sure.</u>

(3) A: Can I have some more candy?
    B: <u>Help yourself.</u>

Ready-to-Use Box
Yes, you can.
Go ahead.
You bet.
Of course you can.
Certainly.
No, you cannot.
Sorry, but no.

B. **Let's match each sentence on the left with the appropriate response on the right.**

A1) I'm getting hungry. •   • B1) I know. I should be getting home.
A2) I'm getting cold.   •   • B2) Then drink some coffee.
A3) I'm getting sleepy. •   • B3) Same here. Let's order a pizza.
A4) It's getting late. •   • B4) I'll turn on the furnace.

Gotta Remember

C. **Replace the underlined parts using the given information.**

A: Can I <u>have some fries</u>?
B: <u>Sure, go ahead.</u>
   Here, <u>have some Coke</u>, too.
A: Thank you.

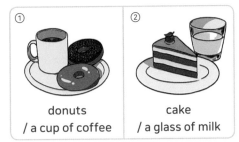

① donuts / a cup of coffee

② cake / a glass of milk

D. **Make any sentences you want using the given phrases.**

(1) I'm getting _____.

(2) I'm getting _____.

(3) I'm getting _____.

(4) It's getting _____.

A. Ready-to-Use Box 속 표현들로 밑줄 부분을 바꿔가며 대화문들을 연습해봅시다.

(1) A: 나 배고파 죽겠어. 빵 좀 먹어도 돼?
    B: <u>물론이지.</u>

(2) A: 슬슬 갈증 나네. 차 한 잔 마셔도 돼?
    B: <u>응, 물론이지.</u>

(3) A: 캔디 좀 더 먹어도 돼?
    B: <u>마음껏 먹어.</u>

Yes, you can.	응, 그래.
Go ahead.	어서 먹어. / 어서 마셔.
You bet.	물론이지.
Of course you can.	물론, 되지.
Certainly.	그럼, 물론이지.
No, you cannot.	아니, 안 돼.
Sorry, but no.	미안하지만, 안 돼.

B. 이어질 알맞은 응답을 찾아 각 대화문을 완성해봅시다.

A1) 슬슬 배가 고프네. → 정답 : B3) 나도. 피자 시켜 먹자.
A2) 슬슬 추워지네. → 정답 : B4) 보일러 좀 틀게.
A3) 슬슬 잠이 쏟아지네. → 정답 : B2) 그럼 커피 좀 마셔.
A4) 시간이 늦었네. → 정답 : B1) 그러게. 난 이만 집에 가봐야겠어.

C. 주어진 정보를 이용해 밑줄 부분을 바꿔가며 대화문을 연습해보세요.

A: 감자튀김 좀 먹어도 돼?
B: 응, 먹어. 자, 콜라도 좀 마셔.
A: 고마워.

① 도넛 / 커피 한 잔   ② 케이크 / 우유 한 잔

D. 다음 문장들은 참고용입니다. 주어진 표현들을 이용해 자유롭게 문장을 만들어보세요.

(1) I'm getting <u>full</u>.   슬슬 배가 불러오네.
(2) I'm getting <u>worried</u>.   슬슬 걱정되네.
(3) I'm getting <u>sick of you</u>.   점점 너한테서 정이 떨어지네.
(4) It's getting <u>dark outside</u>.   바깥 날씨가 점점 어두워지고 있어.

Check This Out

1) 본래 "have"와 "get"은 각각 "가지고 있다", "얻다"라는 뜻이라서 음식이나 음료 외에 다른 것들을 요청할 때도 사용할 수 있어요.
   ex) Can I have a piece of paper? (뭐 좀 쓰게) 종이 한 장만 줄래? / 연습장 한 장만 줄래?
   ex) Can I get a discount?   좀 깎아주실래요? / 좀 깎아줘요.

2) 음식을 먹거나 음료를 마셔도 되냐는 질문은 상대방이 거절할 것으로 예상하고 묻는 경우가 거의 없기 때문에 의문문이더라도 "any"가 아니라 "some"을 이용하는 경우가 많아요. 특정 음식이나 음료가 아니라 그냥 "마실 것", "먹을 것" 정도로 표현하고 싶다면 다음과 같이 말할 수도 있답니다.
   ex) Can I have something to eat?   먹을 것 좀 줄래?
   ex) Can I have something to drink?   마실 것 좀 줄래?

3) "be getting + 형용사"처럼 표현하면 "점점 ~하다", "슬슬 ~하다"라는 표현이 돼요. "be + 형용사"가 지금의 상태를 말한다면 "be getting + 형용사"는 점점 그런 상태로 변해감을 의미하게 되죠.

121 Do you want some soda?
탄산음료 좀 줄까?

Gotta Know

A. Let's practice the dialogues using the given information.

> A: Have some <u>cake</u>.
> B: No, I'm good. I'm too full.

> A: Would you like some <u>ice cream</u>?
> B: Sure, I'd love some.

| ① cookies | ② pretzels | ③ soy milk | ④ lasagna |

B. Use the *Cheat Box* to fill in the blanks.

(1) I _____ had dinner.

(2) I've had _____.

(3) I haven't had _____ all day.

(4) I had ramen for breakfast.

(5) I had a heavy lunch.

(6) Don't eat too _____.

(7) Are you _____ eating?

(8) I'm having dinner now.

(9) What're you eating?

(10) What did you eat _____ breakfast?

(11) What do you want to have for lunch?

(12) What should we eat for dinner?

(13) What's eating _____?

(14) I'm a _____ eater.

Cheat Box			
for	done	much	enough
you	just	light	anything

Gotta Remember

C. Answer the question below.

Q: What did you eat for breakfast?

A: _____.

A. 주어진 정보를 이용해 다음 대화문들을 연습해봅시다.

A: 케이크 좀 먹어.	A: 아이스크림 좀 드실래요?
B: 아니, 난 됐어. 배가 너무 불러.	B: 네, 좋죠.

① 쿠키	② 프레첼	③ 두유	④ 라자냐

B. 다음은 "eat"과 "have"를 이용한 표현들입니다. Cheat Box 속 표현들로 빈칸을 채워보세요.

(1) 나 방금 저녁 먹었어. → 정답 : just

(2) 난 충분히 먹었어. → 정답 : enough

(3) 나 온종일 아무것도 못 먹었어. → 정답 : anything

(4) 나 아침에 라면 먹었어.

(5) 나 점심을 과하게 먹었어.

(6) 너무 많이 먹지 마. / 너무 과식하지 마. → 정답 : much

(7) 너 다 먹었어? → 정답 : done

(8) 나 지금 저녁 먹고 있어.

(9) 너 뭐 먹고 있어? / 너 지금 뭐 먹어?

(10) 너 아침에 뭐 먹었어? → 정답 : for

(11) 너 점심때 뭐 먹고 싶어?

(12) 우리 저녁때 뭐 먹지? (우리 저녁때 뭐 먹을까?)

(13) 무슨 일로 그래? / 뭐가 문제야? → 정답 : you

(14) 난 적게 먹어. → 정답 : light

C. 다음 응답은 참고용입니다. 질문에 자유롭게 응답해보세요.

Q: What did you eat for breakfast?	Q: 당신은 아침에 무엇을 먹었나요?
A: I overslept, so I couldn't eat breakfast.	A: 늦잠 자서 아침을 못 먹었어요.
I guess I'm going to have an early lunch today.	오늘은 점심을 좀 일찍 먹을까 봐요.

Check This Out

1) 보통, "토하다"라고 말할 때 "오바이트"라고 표현하는 사람들이 있는데, 이는 "과식하다 (eat too much)"라는 뜻의 "overeat"에서 온 표현으로, 많이 먹었기 때문에 토할 수도 있겠지만, 실제로 "토하다"라는 뜻은 아니에요. "토하다"라고 말할 땐 "throw up(가장 일반적인 표현)", "vomit(격식적 표현)", 또는 "puke(비격식적 표현)"라는 표현을 사용하죠.

2) 배가 무척 고플 땐 "돌이라도 씹어먹겠다"고 말하곤 하죠. 영어에서는 이를 "I'm so hungry I could eat a horse. (너무 배고파서 말이라도 잡아먹을 수 있겠어.)"라고 표현해요.

3) 대부분 "snack"을 "간식"이라는 명사의 뜻으로만 알고 있지만, 이는 "간식을 먹다"라는 동사로도 사용될 수 있어요. 보통, "snack on ..."처럼 표현되어 "~을 간식으로 먹다"라고 해석되죠.

ex) Do you want to snack on some cookies? 간식으로 쿠키 좀 먹을래?

Let me get number three.
3번 메뉴로 주세요.

Gotta Know

A. Let's practice the dialogue using the given information.

A: Can I get <u>a cheeseburger meal</u>?
B: Sure. What would you like to drink?
A: <u>Diet Coke</u>, please.
B: Will that be all?
A: Yep.
B: Is that for here or to go?
A: <u>For here</u>, please.
B: Your total is <u>three ninety-nine</u>.
A: Here you go.
B: Out of <u>four</u>? Here's your change.
　Enjoy your meal.
A: Thanks.

① a chicken sandwich combo meal
　a large Sprite
　to go
　$4.99
　$10.00

② a hot dog with potato chips
　just water
　for here
　$2.99
　$5.00

B. Use the *Cheat Box* to fill in the blanks.

(1) Excuse me, are you _____ line?
(2) Is this a line?
(3) I'll have a crispy chicken sandwich meal.
(4) Can I have a Cajun chicken sandwich meal to _____?
(5) Let me get number six _____ a large Coke.
(6) I'd like to get a double cheeseburger. _____ the lettuce.

Cheat Box

in
go
hold
with

Gotta Remember

C. Remember what we have learned today? Complete the dialogue.

A: Can I have _____?
B: Sure. Anything to drink?
A: _____, please.
B: Anything else?
A: No, that's it.
B: For here or to go?
A: _____, please.

Things to eat	grilled cheese sandwich	
	double cheeseburger	
	chicken nuggets	
Things to drink	Coke	Pepsi
	Sprite	Dr. Pepper
	7up	Mountain Dew

A. 주어진 정보를 이용해 다음 대화문을 연습해봅시다.

A: 치즈버거 세트 하나 주세요. B: 네. 음료는 뭐로 하시겠어요? A: 다이어트 콜라로 부탁해요. B: 다른 건 필요한 거 없으세요? A: 네. B: 먹고 가시는 건가요, 가져가시는 건가요? A: 먹고 갈 거예요. B: 다 해서 3달러 99센트입니다. A: 여기요. B: 4달러 받았습니다. 여기 잔돈 받으세요. 　맛있게 드세요. A: 고마워요.	① 치킨버거 세트 　라지 사이즈 스프라이트 　테이크아웃(포장)으로 　4달러 99센트 　10달러 ② 핫도그랑 감자 칩 　그냥 물 　식당/가게에서 먹고 가는 것으로 　2달러 99센트 　5달러

B. Cheat Box 속 표현들로 빈칸을 채워보세요.

(1) 실례합니다만, 줄 서신 거예요?　　　　　　→ 정답 : in

(2) 이게 줄인가요? / 이게 줄 선 건가요?

(3) 크리스피 치킨버거 세트 하나 주세요.

(4) 케이즌 치킨버거 세트 하나 포장해주세요.　→ 정답 : go

(5) 6번 메뉴랑 콜라 큰 사이즈로 하나 주세요.　→ 정답 : with

(6) 더블 치즈버거 하나 부탁해요. 양상추는 빼고요.　→ 정답 : Hold

C. 다음 대화문은 참고용입니다. 오늘 학습한 내용을 바탕으로 자유롭게 대화를 나눠보세요.

A: Can I have a Big Mac?　　　　A: 빅맥 하나 주세요.

B: Sure. Anything to drink?　　　B: 네. 음료는요?

A: A large Coke, please.　　　　A: 라지 사이즈 콜라 하나 부탁해요.

B: Anything else?　　　　　　　B: 다른 건 주문할 거 없으세요?

A: No, that's it.　　　　　　　　A: 네, 그것만 주시면 돼요.

B: For here or to go?　　　　　B: 먹고 가시나요, 아니면 가져가시나요?

A: To go, please.　　　　　　　A: 가져갈 거예요.

Check This Out

1) 처음부터 포장으로 주문하려면 "Can I order some fries to go? (감자튀김 좀 포장해서 주세요.)"처럼 주문하면 돼요.

2) 미국에서는 "**치즈버거**"를 "cheeseburger"처럼 한 단어로 표현해요. 반면, "**치킨버거**"는 한 단어가 아닌 두 단어로 표현하며, "burger"가 아니라 "sandwich"라고 표현해요. 즉, "chicken sandwich"라고 표현하죠.

3) 원래 "combo"는 햄버거와 음료로만 구성된 세트 메뉴를 말하고, "(combo) meal"은 햄버거와 음료, 그리고 감자튀김까지 제공하는 세트 메뉴였어요. 하지만 요즘에는 메뉴명만 "combo"라고 되어 있고, 실제로는 "meal" 메뉴처럼 햄버거와 음료, 그리고 감자튀김을 모두 주는 패스트푸드점도 꽤 있답니다.

123 Can I have a hot chocolate?
코코아 한 잔 주세요.

A. Let's practice the dialogues using the given information.

A: What can I get for you today? B: Can I get <u>a large, iced coffee</u>?	① hot chocolate
	② root beer
A: Hi, there. What can I get you? B: I'd like <u>a green tea</u>.	③ large iced tea
	④ small lemonade

B. Use the *Cheat Box* to fill in the blanks.

(1) Do you have any sugar-free _____?

(2) Can I _____ another espresso shot?

(3) Can I get a latte with _____ milk?

(4) Can I get a tall, hot coffee?

(5) Can I get a grande, double _____ latte with no foam?

(6) Can I have a venti, no foam, non-fat vanilla latte?

(7) Can I have a short soy latte?

(8) Could I have a large, iced cappuccino?

(9) Could I have a tall, _____ coffee with room?

(10) I'd like a venti caffè mocha _____ whip, please.

(11) I'd like a tall, iced latte with _____ ice and extra milk.

(12) I'd like a tall caramel macchiato with whipped cream _____ top.

(13) I'll have a small green tea latte, with extra whip.

(14) Let me get a tall caramel macchiato with one _____ mocha syrup.

Cheat Box

on
add
pump
shot
skim
with
decaf
light
options

C. Remember what we have learned today?
Complete the dialogue.

A: What can I get for you today?

B: _____

_____.

A. 주어진 정보를 이용해 다음 대화문들을 연습해봅시다.

A: 뭐로 주문하시겠어요?
B: 라지 사이즈 아이스 커피 한 잔 주실래요?

A: 안녕하세요. 뭐로 드릴까요?
B: 녹차 한 잔 주세요.

① 핫초코(코코아)
② 루트 비어
③ 라지 사이즈 아이스티
④ 스몰 사이즈 레모네이드

B. 다음은 음료 주문과 관련된 유용한 표현들입니다. Cheat Box 속 표현들로 빈칸을 채워보세요.

(1) 설탕 안 들어 있는 거 있나요? → 정답 : options
(2) 에스프레소 샷 하나 더 추가해도 될까요? → 정답 : add
(3) 스킴 밀크(탈지유) 든 라떼 한 잔 주실래요? → 정답 : skim
(4) 톨 사이즈로 뜨거운 커피 한 잔 주실래요?
(5) 그란데 사이즈 라떼, 거품 빼고, 샷 두 개 넣어서 하나 주실래요? → 정답 : shot
(6) 벤티 사이즈 바닐라 라떼, 무지방 우유로 거품 빼고 하나 주실래요?
(7) 숏 사이즈 소이라떼 하나 주실래요?
(8) 라지 사이즈 아이스 카푸치노 하나 주실래요?
(9) 톨 사이즈 디카페인 커피, 너무 꽉 차지 않게 해서 하나 주실래요? → 정답 : decaf
(10) 벤티 사이즈 카페 모카, 휘핑크림 얹어서 하나 부탁해요. → 정답 : with
(11) 톨 사이즈 아이스 라떼, 얼음 조금만 넣고 우유 많이 넣어서 하나 주세요. → 정답 : light
(12) 톨 사이즈 캐러멜 마끼아또, 휘핑크림 얹어서 하나 주세요. → 정답 : on
(13) 스몰 사이즈 녹차 라떼, 휘핑크림 많이 올려서 하나 주세요.
(14) 톨 사이즈 캐러멜 마끼아또, 모카 시럽 한 번 펌핑해서 주세요. → 정답 : pump

C. 다음 대화문은 참고용입니다. 오늘 학습한 내용을 바탕으로 자유롭게 대화를 나눠보세요.

A: What can I get for you today?
B: I'd like a tall, skinny latte
   with a double shot.

A: 뭐로 주문하시겠어요?
B: 톨 사이즈 라떼, 무지방 우유로 휘핑 빼고,
   샷 두 개 넣어서 하나 주세요.

Check This Out

1) 음식과 음료를 함께 주문하는 경우에는 "with"를 써서 다음과 같이 주문하면 돼요.
   ex) Let me get a slice of pepperoni pizza with a Coke.
       페퍼로니 피자 한 조각이랑 콜라 하나 주세요.
   ex) I'll have a tuna sandwich with a small coffee.
       참치 샌드위치 하나랑 스몰 사이즈 커피 하나 주세요.

2) "grande"나 "venti"는 주로 스타벅스 매장에서 들을 수 있는 사이즈 표현이에요. 일반적인 커피숍에서 커피 사이즈를 말할 때는 보통 "small", "medium", "large"라고 표현하죠. 참고로, "grande"는 "그란데이"라고 발음하며, 간혹 "그랜드"라고 발음하는 사람들도 있어요.

3) 영어로 디카페인 커피는 "decaffeinated coffee"라고 표현하며, 대화 시에는 그냥 줄여서 "디캡(decaf)"이라고 말하는 경우가 많아요.

4) 커피 주문 시 "skinny"는 "무지방 우유를 넣고 휘핑을 뺀"이라는 뜻이에요.

124 I want a hamburger with fries.

햄버거랑 감자튀김 주세요.

Gotta Know

A. Let's practice the dialogues. Replace the underlined sentences with the ones in the *Ready-to-Use Box*.

(1) A: What would you like today?
B: <u>I'll have a meatball sandwich.</u>

(2) A: What can I get for you today?
B: <u>Let me get a tuna melt with fries.</u>

(3) A: May I take your order?
B: Sure. <u>Can I have this Chicken Breast salad?</u>

> **Ready-to-Use Box**
>
> I'll get a burrito with tortilla chips.
> Let me have a slice of pepperoni pizza.
> Can I get a Philly cheesesteak sandwich?
> I'd like pancakes with orange juice.
> I want a steak with a baked potato.
> Can we get two orders of fish and chips?
> Do you have a Caesar salad?

B. Use the *Cheat Box* to fill in the blanks.

(1) We're _____ deciding what to eat.
(2) I'll have the _____.
(3) Make that _____.
(4) I'll have _____ she's having.
(5) I'll have what you're having.
(6) Could I have fries _____ of salad?

> **Cheat Box**
>
> two   what   instead
> still   same

Gotta Remember

C. Replace the underlined part using the given information.

A: May I take your order?
B: <u>Certainly. I'd like one steak, medium-well.</u>

| ① a hamburger with fries | ② fried chicken with mashed potatoes | ③ a slice of pizza with a Coke |

A. Ready-to-Use Box 속 표현들로 밑줄 부분을 바꿔가며 대화문들을 연습해봅시다.

(1) A: 손님, 뭐로 드시겠어요?
B: 미트볼 샌드위치 하나 주세요.

(2) A: 뭐로 드릴까요?
B: 튜나멜트 샌드위치와 감자튀김 주세요.

(3) A: 주문하시겠어요?
B: 네. 이 닭가슴살 샐러드로 주실래요?

> I'll get a burrito with tortilla chips.
> 부리또랑 토틸라 칩 주세요.
> Let me have a slice of pepperoni pizza.
> 페퍼로니 피자 한 조각 주세요.
> Can I get a Philly cheesesteak sandwich?
> 필리 치즈 스테이크 샌드위치 하나 주실래요?
> I'd like pancakes with orange juice.
> 팬케이크랑 오렌지 주스 주세요.
> I want a steak with a baked potato.
> 스테이크랑 통감자 주세요.
> Can we get two orders of fish and chips?
> 피시 앤 칩스 두 개 주실래요?
> Do you have a Caesar salad?
> 시저 샐러드 있나요?

B. 다음은 식당에서 주문 시 종종 사용되는 표현들입니다. Cheat Box 속 표현들로 빈칸을 채워보세요.

(1) (우린) 아직 뭐 먹을지 못 정했어요. → 정답 : still
(2) 같은 거로 주세요. → 정답 : same
(3) 같은 거로 주세요. → 정답 : two
(4) 저 여자분이 먹는 것으로 주세요. → 정답 : what
(5) (난) 네가 먹는 거랑 같은 거로 할게.
(6) 샐러드 대신 감자튀김으로 주실 수 있나요? → 정답 : instead

C. 주어진 정보를 이용해 밑줄 부분을 바꿔가며 자유롭게 대화를 나눠보세요.

A: 주문하시겠어요?
B: 네. 스테이크 하나, 미디엄 웰로 익혀서 주세요.

> ① 햄버거와 감자튀김
> ② 닭튀김과 으깬 감자
> ③ 피자 한 조각과 콜라

Check This Out

1) 함께 식당을 찾은 일행 중 한 명이 먼저 무언가를 주문했을 때 "**저도 같은 거로 주세요.**"라고 말하려면 "I'll have the same."이라고 표현하면 돼요. 간단히, "Make that two." 또는 그냥 "Same here."이라고 표현하기도 하죠. 앞서 두 사람이 같은 것으로 주문했다면, "Make that three."라고 해야겠죠?

2) "May I take your order?"에서 등장한 "take"는 자신이 갈 곳으로 무언가를 "**가져가다**" 또는 누군가를 "**데려가다**"라는 뜻이에요. 반면, 자신이 있는 위치로 무언가를 "**가져오다**" 또는 누군가를 "**데려오다**"라고 말하려면 "bring"을 이용해야 하죠.

ex) Take this back. I don't need it.   이거 다시 가져가. 난 필요 없어.
ex) Where's Peter? Bring him here.   피터 어딨어? 이리로 데려와.

He's a picky eater.

걘 식성이 까다로워.

Gotta Know

A. Let's practice the dialogues using the given information.

A: How's <u>your coffee</u>?
B: It's <u>way too bitter</u>.

A: How does <u>the cake</u> taste?
B: It tastes <u>decent</u>.

① pasta	/ pretty good
② apple pie	/ a little sweet
③ salad	/ really great
④ soup	/ kind of spicy

B. Let's find all the expressions that have a similar meaning to *delicious*.

(a) sweet	(f) sour	(k) terrific	(p) bland
(b) amazing	(g) good	(l) thick	(q) fantastic
(c) sugary	(h) hot	(m) thin	(r) flat
(d) tasty	(i) spicy	(n) disgusting	(s) fishy
(e) salty	(j) greasy	(o) yummy	(t) finger-licking (good)

C. Use the *Cheat Box* to fill in the blanks.

(1) I have a sweet _____.
(2) It's a little spicy for my _____.
(3) I'm a _____.
(4) I have no _____ these days.
(5) I don't have an appetite today.
(6) I don't have much of an appetite these days.
(7) He has a _____ appetite.
(8) Don't be a _____ eater.

Cheat Box　big taste foodie picky tooth appetite

Gotta Remember

D. Remember what we have learned today?
Complete the dialogue.

A: How does _____ taste?
B: It tastes _____. Here. Try some.

A. 주어진 정보를 이용해 다음 대화문들을 연습해봅시다.

A: 네 커피는 맛이 어때?	① 파스타 / 꽤 맛있는
B: 엄청 써.	② 애플파이 / 약간 단
A: 그 케이크는 맛이 어때?	③ 샐러드 / 정말 아주 맛있는
B: 먹을 만해.	④ 수프 / 약간 매운

B. 다음 중 "delicious"와 비슷한 의미의 표현들을 모두 골라봅시다.

(a) 달콤한, 단
(b) (맛이) 기막힌
(c) 단, 설탕 맛이 나는
(d) 맛있는
(e) 짠
(f) 신, 시큼한
(g) (맛이) 좋은, (맛이) 괜찮은
(h) 매운, 뜨거운
(i) 매운
(j) 기름진, 기름기 많은, 느끼한

(k) (맛이) 훌륭한, (맛이) 굉장한
(l) 진한, 걸쭉한
(m) 연한, 묽은
(n) 역겨운, 아주 맛없는
(o) (아주) 맛있는
(p) 맛이 밍밍한, 싱거운
(q) (맛이) 환상적인, (맛이) 기막힌
(r) 김빠진
(s) 비린
(t) (손가락을 쪽쪽 빨아먹을 정도로) 맛있는

→ 정답 : (b), (d), (g), (k), (o), (q), (t)

C. Cheat Box 속 표현들로 빈칸을 채워보세요.

(1) 난 단 걸 좋아해. / 난 단 음식을 좋아해.　　→ 정답 : tooth
(2) (그건) 내 입맛에는 약간 매워.　　→ 정답 : taste
(3) 난 미식가야.　　→ 정답 : foodie
(4) 나 요즘 식욕이 전혀 없어.　　→ 정답 : appetite
(5) 나 오늘 입맛이 없어.
(6) 나 요즘 식욕이 별로 없어.
(7) 걘 식욕이 왕성해.　　→ 정답 : big
(8) 편식하지 마.　　→ 정답 : picky

D. 다음 대화문은 참고용입니다. 오늘 학습한 내용을 바탕으로 자유롭게 대화를 나눠보세요.

A: How does your dish taste?
B: It tastes good. Here. Try some.

A: 네 음식은 맛이 어때?
B: 맛있어. 자, 좀 먹어봐.

Check This Out

1) "hot"은 "매운"이라는 뜻일 수도 있고 "뜨거운"이라는 뜻일 수도 있어서 음식과 관련해서 종종 오해를 불러일으키기도 하는데, 그럴 때는 "Hot hot or spicy hot? (뜨겁다는 말이야, 맵다는 말이야?)"이라고 물어보기도 해요. 뜨거워서 "hot"이라고 한 것이면 "Hot hot." 이라고 대답하고, 매워서 "hot"이라고 한 것이면 "Spicy hot."이라고 대답하죠.

2) "fishy"는 "비린"이라는 뜻 외에 "이상한", "수상한"이라는 의미로도 쓰여요.
　　ex) There's something fishy going on.
　　　　뭔가 수상한 냄새가 나. / 뭔가 수상해. / 뭔가 이상해.

Gotta Know

A. Let's look at the example and read the prices accordingly.

ex) $2.07 → two dollars and seven cents   → two oh-seven

(1) $7.75 → _____ → _____
(2) $1.50 → _____ → _____
(3) $30.09 → _____ → _____
(4) $6.99 → _____ → _____

B. Let's practice the dialogues using the given information.

A: How much is <u>that red bandana</u>? B: It's <u>$5.75</u>.	① this laptop	/ $700
	② the leather jacket	/ $299.99

A: What's the price of <u>this coat</u>? B: It's <u>$350</u>.	③ that bowl	/ $17.50
	④ this watch	/ $899

A: How much is it to <u>park here</u> <u>for an hour</u>? B: It's <u>$4</u>.	⑤ replace this window	/ $65
	⑥ get a key copied	/ $5.25

Gotta Remember

C. Make any sentences you want using the phrase "How much is ...?"

(1) How much is _____?
(2) How much is _____?
(3) How much is _____?
(4) How much is _____?

D. Remember what we have learned today?
Complete the dialogue.

A: _____?
B: It's _____ each.
A: Would I get a discount if I bought _____?
B: Sure. I'll give them to you for _____.
A: I'll take _____ then.

A. 보기를 참고로 하여 주어진 가격들을 읽어봅시다.

ex) 2달러 7센트

(1) 7달러 75센트 → 정답 : seven dollars and seventy-five cents → seven seventy-five
(2) 1달러 50센트 → 정답 : a dollar and fifty cents → one fifty
(3) 30달러 9센트 → 정답 : thirty dollars and nine cents → thirty oh-nine
(4) 6달러 99센트 → 정답 : six dollars and ninety-nine cents → six ninety-nine

B. 주어진 정보를 이용해 다음 대화문들을 연습해봅시다.

| A: 저 빨간색 반다나는 얼마죠? | ① 이 노트북 | / $700 |
| B: 5달러 75센트예요. | ② 가죽 재킷 | / $299.99 |

| A: 이 코트는 가격이 얼마죠? | ③ 저 그릇 | / $17.50 |
| B: 350달러예요. | ④ 이 시계 | / $899 |

| A: 여기 한 시간 주차하면 얼마죠? | ⑤ 이 창문을 수리하다 | / $65 |
| B: 4달러예요. | ⑥ 열쇠 하나 복사하다 | / $5.25 |

C. 다음 문장들은 참고용입니다. "How much is ...?"를 이용해 자유롭게 문장을 만들어보세요.

(1) How much is this one? 이거 얼마예요?
(2) How much is it for two? 두 개 얼마예요? / 두 명에 얼마죠?
(3) How much is it for two nights? 이틀 밤에 얼마죠?
(4) How much is it to have an electrician come in? 전기 기사 부르려면 돈이 얼마나 드나요?

D. 다음 대화문은 참고용입니다. 오늘 학습한 내용을 바탕으로 자유롭게 대화를 나눠보세요.

A: How much is it? A: 얼마예요?
B: It's 10 dollars each. B: 개당 10달러예요.
A: Would I get a discount if I bought two? A: 두 개 사면 할인해주나요?
B: Sure. I'll give them to you for 17. B: 그럼요. 17달러에 드릴게요.
A: I'll take two then. A: 그럼 두 개 주세요.

Check This Out

1) 총 얼마인지 물을 때는 다음과 같이 표현해요.
ex) How much is it all together? 모두 다 해서 얼마죠?
ex) What's the total? 전부 다 해서 얼마죠? / 합계가 얼마죠?
ex) What's the grand total? 총 다 해서 얼마죠? / 총계가 얼마죠?
ex) How much does it cost all together? 모두 다 해서 (비용이) 얼마죠?

2) 무언가의 가치를 물어볼 때는 "worth(~의 가치가 있는)"라는 표현을 이용해요.
A: How much is your car worth? A: 네 차는 시세가 어떻게 돼?
B: I'm not sure. I would have to check. B: 잘 모르겠어. 어디 한번 확인해 봐야지.

It doesn't cost too much.
그건 돈이 그리 많이 들지 않아.

A. Let's practice the dialogues using the given information.

A: How much does <u>this table</u> cost? B: It costs <u>around 100 dollars</u>.	① that chair / $10 plus tax ② the average wedding / at least $10,000
A: How much do <u>these shoes</u> cost? B: They're <u>$49.95</u>.	③ those gloves / about $50 ④ these tickets / $50 each
A: How much did <u>the vest</u> cost you? B: It only cost me <u>200 dollars</u>.	⑤ this bag / $99 ⑥ those mugs / $10 altogether

B. Use the *Cheat Box* to fill in the blanks.

(1) It costs less than 70 cents a day.
(2) It didn't _____ cost me five dollars.
(3) It cost a small _____, but it was worth it in the end.
(4) It'll _____ cost about 80 to 90 dollars.
(5) You cost me 200 dollars.
(6) This one costs 250 dollars, but it's _____ every penny.
(7) They don't all cost five dollars.
(8) They _____ cost 35 dollars.
(9) How can a belt cost 60 dollars?
(10) How much could it cost _____ the most?
(11) How much will admission cost _____ two adults and three children?
　　　(= How much will the admission fee be _____ two adults
　　　　and three children?)

Cheat Box

at
for
each
even
worth
fortune
probably

C. Answer the question below.

Q: How much does the average wedding cost in Korea?
A: _____.

A. 주어진 정보를 이용해 다음 대화문들을 연습해봅시다.

A: 이 탁자는 가격이 얼마야? B: 100달러 정도 해.	① 저 의자 / 세금 별도로 10달러 ② 일반적인 결혼식 / 적어도 10,000달러
A: 이 신발은 가격이 얼마야? B: 49달러 95센트야.	③ 저 장갑 / 약 50달러 ④ 이 티켓들 / 개당 50달러
A: 너 조끼 얼마 주고 샀어? B: 200달러밖에 안 들었어.	⑤ 이 가방 / 99달러 ⑥ 저 머그잔들 / 모두 다 해서 10달러

B. Cheat Box 속 표현들로 빈칸을 채워보세요.

(1) (그건) 하루에 70센트 미만이야.

(2) 난 (그거) 5달러도 채 안 들었어. → 정답 : even

(3) (그건) 돈이 꽤 많이 들었지만 결국에는 제값을 했어. → 정답 : fortune

(4) (그건) 아마 80~90달러 정도 할 거야. → 정답 : probably

(5) 너 때문에 나 200달러 썼어.

(6) 이건 비용이 250달러인데, 돈이 한 푼도 아깝지 않아. → 정답 : worth

(7) 그것들은 다 해서 5달러도 안 들어.

(8) 그것들은 각각 35달러 들어. → 정답 : each

(9) 어떻게 벨트 하나가 60달러나 할 수 있지?

(10) 비용이 최대 얼마까지 나올까? / 비용이 최대 얼마일까? → 정답 : at

(11) 어른 둘, 아이 셋이면 입장가가 얼마일까? → 정답 : 둘 다 for

C. 다음 응답은 참고용입니다. 질문에 자유롭게 응답해보세요.

Q: How much does the average wedding cost in Korea?

A: I don't know what the average cost is, but it cost me about 30,000 dollars for my wedding.

Q: 한국에서는 결혼하는 데 보통 비용이 얼마나 드나요?

A: 일반적인 비용이 얼마인지는 모르겠지만, 제가 할 때는 3만 달러 정도 들었어요.

Check This Out

1) 동사 "cost" 뒤에는 "me"나 "you"처럼 돈을 사용하는 사람을 목적격으로 밝혀주기도 하는데, 사람에 따라 달라지는 금액이 아니라 일반적인 금액, 또는 정해진 금액을 말할 때는 생략되는 경우가 많아요.

   ex) It cost me around 20 dollars.   나 (그거) 대략 20달러 정도 줬어.

   ex) It'll probably cost 40 dollars.   (그건) 아마 40달러 정도 할 거야.

2) 돈을 의미하는 표현에는 다음과 같은 것들이 있어요.

   • fortune   거금

   • pocket money / chicken feed / peanuts   푼돈

   • change   잔돈, 거스름돈

   • milk money   코 묻은 돈, 애들 용돈

Gotta Know

A. Let's practice the dialogues using the given information.

> A: How much (money) does it take?
> B: It takes almost 50 dollars.

> A: How long did it take?
> B: It took about half an hour.

> ① almost nothing
> ② millions of dollars

> ③ forever
> ④ a couple of minutes

> A: How much (money) did you spend?
> B: I spent around two grand.

> A: How much time did you spend?
> B: I spent most of Sunday.

> ⑤ almost half of my money
> ⑥ most of my money

> ⑦ all day
> ⑧ less than an hour

B. Use the *Cheat Box* to fill in the blanks.

(1) How much money should this take?
(2) What's taking (you) _____ long?
(3) _____ took you so long?
(4) Don't take _____ long.
(5) Does it take long?
(6) _____ is it taking so long?
(7) Is it gonna take long?
(8) It won't take too long.
(9) It shouldn't take more than a minute _____ two.
(10) It didn't even take me one _____ day.
(11) How much do you usually spend _____ groceries?
(12) How much money did you spend on your car?
(13) Don't spend too _____ time on this.
(14) I spent last Sunday _____ the park.

Cheat Box		
at	so	full
on	too	much
or	why	what

Gotta Remember

C. Answer the question below.

Q: How much money do you spend a week?

A: _____.

A. 주어진 정보를 이용해 다음 대화문들을 연습해봅시다.

A: 그거 (돈) 얼마나 들어?
B: 50달러 가까이 들어.

A: 그거 (시간) 얼마나 오래 걸렸어?
B: 30분 정도 걸렸어.

① 거의 아무것도 안 든　② 수백만 달러　③ 영원, 영원히　④ 2~3분

A: 너 (돈) 얼마나 썼어?
B: 2천 달러 정도 썼어.

A: 너 시간 얼마나 보냈어?
B: 일요일 대부분을 보냈어.

⑤ 거의 내 돈 절반　⑥ 내 돈 대부분　⑦ 온종일　⑧ 1시간 미만

B. Cheat Box 속 표현들로 빈칸을 채워보세요.

(1) 이거 돈이 얼마나 들까?
(2) (너) 왜 이리 오래 걸려?　　　　　　→ 정답 : so
(3) (너) 왜 이렇게 오래 걸린 거야?　　　→ 정답 : What
(4) 시간 너무 오래 끌지 마. / 너무 시간 들이지 마.　→ 정답 : too
(5) (그거) 시간 오래 걸려?
(6) (그거) 왜 이렇게 시간이 오래 걸리는 거야?　→ 정답 : Why
(7) (그거) 시간 오래 걸릴까?
(8) (그건) 그리 오래 걸리지 않을 거야.
(9) (그건) 1~2분 이상 걸리진 않을 거야.　→ 정답 : or
(10) 난 (그거) 하루도 채 안 걸렸어.　　　→ 정답 : full
(11) 넌 보통 장 볼 때 돈 얼마나 써?　　　→ 정답 : on
(12) 너 차에 돈 얼마나 썼어?
(13) 이것에 너무 많은 시간을 보내지 마.　→ 정답 : much
(14) 난 지난 주일에 공원에서 시간을 보냈어.　→ 정답 : at

C. 다음 응답은 참고용입니다. 질문에 자유롭게 응답해보세요.

Q: How much money do you spend a week?　Q: 당신은 1주일에 돈을 얼마나 쓰나요?
A: <u>I usually spend about 100 dollars a week.</u>　A: 전 보통 1주일에 100달러 정도 써요.

Check This Out

1) 진행형으로 표현된 "What's taking you so long?"은 "무엇이 네 시간을 이리 오래 잡아
먹고 있니?"라는 뜻으로, 누군가를 재촉할 때 "왜 이리 오래 걸려?"라는 의미로 사용하는
표현이며, 과거형으로 표현된 "What took you so long?"은 "무엇이 네 시간을 그렇게
오래 잡아먹었니?", 즉 이미 늦은 사람에게 "왜 이리 오래 걸렸어?"라고 질책하는 표현
이에요. 참고로, 상대방을 재촉할 때는 "What's taking you so long?" 대신 "Hurry up
already!"라는 표현을 사용할 수도 있어요. 재촉을 받는 사람 입장에서 "그만 좀 닦달해!",
"그만 좀 재촉해!"라고 말하려면 "Don't rush me!"라고 표현하면 되죠.

129 I get to work on foot.

난 회사까지 걸어 다녀.

Gotta Know

A. Let's look at the example and change the sentences accordingly.

ex) I drive my car to work every day. → I get to work by car every day.

(1) I usually take the bus to work. → I usually get to work _____.

(2) I took a taxi to the airport. → I got to the airport _____.

(3) I'm planning to take a train to Paris.
    → I'm planning to get to Paris _____.

(4) I rode my bicycle to my friend's house.
    → I got to my friend's house _____.

B. Use the *Cheat Box* to fill in the blanks.

(1) It's faster to get to London by subway than by bus.

(2) It takes almost two hours to get there _____ boat.

(3) I usually _____ to school.
    (= I usually go to school on foot.)

(4) Should we _____ a cab?

(5) Let's take the subway. It'll be faster.

(6) I took a ferry to France.

(7) I took the _____ subway.

(8) I don't know how to _____ a bike.

(9) Did you drive here?

(10) I'm _____ the bus.

Cheat Box	
by	take
on	walk
ride	wrong

Gotta Remember

C. Answer the questions below.

(1) Q: How do you commute to work (or school)?
    A: _____.

(2) Q: Do you prefer private cars or public transportation?
    A: _____.

A. 보기를 참고로 하여 주어진 문장들을 바꿔봅시다.

ex) 난 매일 차를 몰고 출근해.   → 난 매일 차로 출근해.

(1) 난 보통 버스를 타고 출근해.   → 정답 : I usually get to work by bus.
                                         난 보통 버스로 출근해.

(2) 난 공항에 택시 타고 갔어.   → 정답 : I got to the airport by taxi.
                                         난 공항에 택시로 갔어.

(3) 난 파리까지 기차 타고 갈 계획이야. → 정답 : I'm planning to get to Paris by train.
                                         난 파리까지 기차로 갈 계획이야.

(4) 난 자전거를 타고 친구 집에 갔어. → 정답 : I got to my friend's house by bicycle.
                                         난 자전거로 친구 집에 갔어.

B. Cheat Box 속 표현들로 빈칸을 채워보세요.

(1) 런던에 가려면 버스보다 지하철이 더 빨라.
(2) 배로 거기 가려면 거의 두 시간은 걸려.   → 정답 : by
(3) 난 보통 학교에 걸어서 다녀.   → 정답 : walk
(4) 우리 택시 탈까?   → 정답 : take
(5) 지하철 타자. 그게 더 빠를 거야.
(6) 난 프랑스까지 페리를 타고 갔어.
(7) 나 지하철 잘못 탔어.   → 정답 : wrong
(8) 난 자전거 탈 줄 몰라.   → 정답 : ride
(9) 너 여기 차 몰고 왔어?
(10) 나 지금 버스 탔어. / 나 지금 버스 안이야. → 정답 : on

C. 다음 응답들은 참고용입니다. 각 질문에 자유롭게 응답해보세요.

(1) Q: How do you commute to work (or school)?
    A: <u>By bus, but I sometimes walk to work when it's not too cold or too hot.</u>
      Q: 당신은 통근(또는 통학)을 어떻게 하나요?
      A: 버스로요. 하지만 날씨가 너무 춥거나 너무 덥지 않으면 회사까지 걸어가기도 해요.

(2) Q: Do you prefer private cars or public transportation?
    A: <u>I prefer public transportation since I can either surf the web or play games
     on my phone.</u>
      Q: 당신은 자가용 이용을 선호하나요, 아니면 대중교통 이용을 선호하나요?
      A: 전 대중교통 이용을 선호해요. 휴대폰으로 인터넷 서핑이나 게임을 할 수 있으니까요.

Check This Out

1) **"버스로(by bus)"** 처럼 이동수단의 이용과 관련해 **"~로"**, **"~을 타고"** 라고 말하려면 이동
수단 앞에 **"by"** 를 붙여줘요. 단, **"걸어서"** 라고 말하려면 **"on foot"** 이라고 표현해야 하죠.

2) **"오토바이"** 는 **"motorbike"** 또는 **"motorcycle"** 이라고 표현하는데, 그냥 짧게 **"bike"** 또는
"cycle" 이라고 표현하기도 해요. 단, 짧게 표현할 때는 **"자전거"** 를 의미할 수도 있어요.

130 I just saw her outside.
나 방금 밖에서 걔 봤어.

A. Let's circle the correct answers.

(1) Why did you want to (see / watch) me?

(2) Take a (look at / watch) this.

(3) I (looked at / watched) a movie yesterday.

(4) May I (see / watch) your receipt?

(5) I wasn't (seeing / looking at) you.

B. Use the *Cheat Box* to fill in the blanks.

(1) I'm _____ to see you.

(2) I can't see a thing.

(3) I can't see anything from here.

(4) Where? I don't see anything. Are you seeing _____?

(5) Are you seeing _____? If not, I'll find someone for you.

(6) We'll _____ and see.

(7) The _____ I see it, it's a terrible idea.

(8) Look at that!

(9) What're you looking at?

(10) Why are you looking at me _____ that?

(11) Watch me!

(12) I'm watching a soccer game _____ TV.

(13) What're you watching?

Cheat Box

on
way
like
wait
dying
anyone
things

C. Complete the dialogues.

(1) A: Why are you _____ me like that?
B: Did you get a haircut?

(2) A: Did you just see something?
B: No, I didn't.
Maybe you're just _____ things.

(3) A: Do you want to _____ the Bulls game together tonight?
B: Who're they playing?

A. 괄호 속 표현 중 각 문장에 올바른 것을 골라봅시다.

(1) 왜 날 보자고 한 거야? → 정답 : see

(2) 이것 좀 봐. → 정답 : look at

(3) 나 어제 영화 한 편 봤어. → 정답 : watched

(4) 영수증 좀 보여주시겠어요? → 정답 : see

(5) 나 너 보고 있던 거 아니야. / 나 너 안 보고 있었어. → 정답 : looking at

B. Cheat Box 속 표현들로 빈칸을 채워보세요.

(1) (난) 네가 보고 싶어 죽겠어. → 정답 : dying

(2) (난) 하나도 안 보여.

(3) (난) 여기서는 아무것도 안 보여.

(4) 어디? 난 아무것도 안 보이는데. 너 헛게 보여? → 정답 : things

(5) 너 혹시 사귀는 사람 있어? 없으면, 내가 한번 찾아봐 줄게. → 정답 : anyone

(6) 두고 보면 알겠지. / 두고 보자고. → 정답 : wait

(7) 내 생각엔 (그건) 말도 안 되는 아이디어 같아. → 정답 : way

(8) 저것 (좀) 봐!

(9) 너 뭐 보는 거야? / 너 뭐 봐?

(10) 너 왜 날 그런 식으로 쳐다보는 거야? → 정답 : like

(11) [무언가 동작으로 보여주려고 할 때] 나 좀 봐봐.

(12) 나 TV로 축구 경기 보고 있어. → 정답 : on

(13) 너 뭐 보는 거야? / 너 뭐 봐?

C. 알맞은 표현으로 다음 각 대화문을 완성해보세요.

(1) A: 너 왜 날 그렇게 보는 거야? → 정답 : looking at
    B: 너 머리 잘랐어?

(2) A: 너 방금 뭐 못 봤어? → 정답 : seeing
    B: 아니, 못 봤어. 헛게 보이나 보지.

(3) A: 오늘 밤에 나랑 불스 경기 볼래? → 정답 : watch
    B: 누구랑 경기하는데? / 어느 팀이랑 경기하는데?

Check This Out

1) "see"는 의도하지 않아도 보게 되는 것, 즉 눈만 뜨고 있으면 저절로 보게 되는 것을 말해요. 반면, "look"은 의도를 가지고 보는 것을 의미하는데, 그래서 "의도적으로" 어떤 방향이나 대상을 바라보거나(look at), "의도적으로" 어떤 대상을 찾거나(look for), "의도적으로" 무언가를 조사하거나 살펴보는(look into) 경우 등에 사용되죠. 끝으로, "watch"는 주로 움직이는 대상을 시간이나 관심을 들여 한동안 보는 것을 말해요. 그래서 TV나 영화 등을 시청 또는 관람한다고 하거나, 물건이나 사람을 지켜본다고 말할 때 주로 사용되죠. 그러나 말하는 시점에 보고 있는 것이 아니라 이미 과거에 본 사실을 말하거나 미래에 볼 것을 말할 때는 "see"를 사용하기도 해요. 특히, "**나 그 영화 세 번 봤어.**"라는 말처럼 무언가를 처음부터 끝까지 다 본 경험에 관해 이야기할 때는 "see"를 사용하는 것이 일반적이랍니다.

Didn't you hear what I just said?

(너) 내가 방금 말한 거 못 들었어?

Gotta Know

A. Let's circle the correct answers.

(1) That (hears / sounds) okay.

(2) I can't (hear / listen to) you well.

(3) This is important, so (hear / listen) carefully.

(4) You (heard / listened to) him. Hurry up and do it.

(5) You were right. I should've (heard / listened to) you.

B. Use the *Cheat Box* to fill in the blanks.

(1) Did you hear that?

(2) I heard they broke up.

(3) I haven't heard _____ him for a while.

(4) That's _____ I heard.

(5) You heard me.

(6) You heard _____.

(7) I hear _____.

(8) (I) Heard you the first time!

(9) Hear me _____.

(10) Sounds _____ fun. (= It sounds fun.)

(11) You never listen to me.

(12) Are you listening to me?

(13) I wasn't listening.

(14) I'll listen _____ the doorbell.

(15) Listen _____!

Cheat Box

up	out	from	what
for	you	like	right

Gotta Remember

C. Complete the dialogues.

(1) A: Can we take a coffee break?
   B: That's just what I wanted to _____.

(2) A: I can't stand her laugh.
   B: I know. It _____ so fake and obnoxious.

(3) A: Will you _____ me when I talk to you?
   B: You just keep saying the same thing over
      and over again.

A. 괄호 속 표현 중 각 문장에 올바른 것을 골라봅시다.

(1) (그거) 괜찮은 거 같아. → 정답 : sounds
(2) (난) 네 목소리가 잘 안 들려. → 정답 : hear
(3) 이거 중요한 거니까 잘 들어. → 정답 : listen
(4) (쟤) 말 들었지? 어서 빨리 (그거) 해. → 정답 : heard
(5) 네 말이 옳았어. 네 말을 듣는 거였는데. → 정답 : listened to

B. Cheat Box 속 표현들로 빈칸을 채워보세요.

(1) 너 저 소리 들었어? / 너 방금 무슨 소리 들었어?
(2) 걔네 헤어졌대.
(3) 난 걔 소식 못 들은 지 좀 됐어. → 정답 : from
(4) 그렇다고 들었어. / 내가 듣기론 그래. → 정답 : what
(5) (네가) 들은 대로야.
(6) 제대로 들었어. / 들은 대로야. → 정답 : right
(7) 동감이야. / 내 말이. → 정답 : you
(8) 그만 얘기해도 알아. / 두 번 얘기 안 해도 알아.
(9) 내 말 끝까지 들어. / 내 말 좀 끝까지 들어봐. → 정답 : out
(10) (그거) 재밌겠네. → 정답 : like
(11) 넌 내 말을 듣는 법이 없어.
(12) 너 내 말 듣고 있어?
(13) 나 못 들었어. / 나 얘기 안 듣고 있었어.
(14) 초인종 소리가 나는지 잘 들을게. → 정답 : for
(15) 잘 들어! → 정답 : up

C. 알맞은 표현으로 다음 각 대화문을 완성해보세요.

(1) A: 커피 마시면서 좀 쉴까? → 정답 : hear
   B: 그거 정말 듣던 중 반가운 소리군.

(2) A: 걔 웃음소리는 참기 힘들어. → 정답 : sounds
   B: 그러게. 웃음소리가 너무 가식적이고 불쾌해.

(3) A: 내가 말할 땐 내 말 좀 들어줄래? → 정답 : listen to
   B: 넌 똑같은 얘기만 끊임없이 반복하잖아.

Check This Out

1) "hear"과 "listen"의 의미 차이는 "see"와 "look"의 차이와 비슷해요. 즉, "hear"은 듣고 싶지 않아도 귀만 열려 있다면 듣게 되는 걸 의미하죠. 눈과 달리, 일반적으로 모든 사람의 귀는 항상 열려 있기 때문에 소리를 받아들이는 귀가 제 역할을 한다는 의미로 쓰일 때는 "hear"을 사용해요. 따라서 청력 검사는 "hearing test"라고 표현하죠. 반면, "listen"은 누군가의 말(내용), 음악, 라디오 등을 의도적으로 "듣는다(listen to)"고 말할 때 사용하는데, 이러한 이유로 "영어 듣기평가"는 "English listening test"라고 표현한답니다. 귀와 관련된 또 다른 표현인 "sound"는 "~하게 들리다"라는 뜻으로 주로 소리나 말의 내용이 어떠한지를 평가할 때 사용되며, 들리는 대상은 주어로 등장하게 돼요.

2) "listen" 뒤에는 "to" 대신 "for"를 이용하기도 하는데, 이때는 무언가를 듣기 위해 **귀를 기울인다**는 뜻이에요.

132 Make yourself at home.
편하게 있어.

A. Let's circle the correct answers.

(1) He's (at / in) my pocket.

(2) I'm (at / on) the plane.

(3) Why don't you stay over (at / in) my place?

(4) She now lives (at / in) California with her dad.

(5) The store is (in / on) the corner.

(6) My birthday is (in / on) March.

(7) I'm going to America (at / in) the end of June.

(8) Let's go (at / on) three. One, two, three, go!

B. Use the *Cheat Box* to fill in the blanks.

(1) _____ yourself at home.

(2) I'm still at work.

(3) I'm gonna sleep _____ at hers.

(4) I'll _____ you at eight.

(5) They both thought of the same thing at the same _____.

(6) It's a household _____ in Korea.

(7) How many people are in the line in _____ of you?

(8) Jim is _____ in thought.

(9) Does it _____ on my face?

(10) I'm on a business trip.

Cheat Box
grab
lost
make
name
over
show
time
front

Gotta Remember

C. Complete the dialogues.

(1) A: Are you here ____ business?
    B: No. I'm on vacation.

(2) A: He's a real thorn ____ my side.
    B: He's a thorn ____ everyone's side.

(3) A: Do you need me to pick you up ____ work?
    B: Yes, that'd be great. My car is still in the shop.

A. 괄호 속 표현 중 각 문장에 올바른 것을 골라봅시다.

(1) 걘 나한테 매수당했어. → 정답 : in
(2) 난 지금 비행기에 탔어. → 정답 : on
(3) 우리 집에서 자고 가지 그래? → 정답 : at
(4) 걘 지금 아빠랑 캘리포니아 주에 살아. → 정답 : in
(5) 그 가게는 모퉁이에 있어. → 정답 : on
(6) 내 생일은 3월이야. → 정답 : in
(7) 나 6월 말에 미국 가. → 정답 : at
(8) 셋 세면 가는 거야. 하나, 둘, 셋, 출발! → 정답 : on

B. Cheat Box 속 표현들로 빈칸을 채워보세요.

(1) 편하게 있어. → 정답 : Make
(2) 나 아직 회사야. / 나 아직 일하는 중이야.
(3) 나 걔 집에서 자고 올 거야. → 정답 : over
(4) (내가) 8시에 너 픽업할게. → 정답 : grab
(5) 걔넨 둘 다 동시에 같은 생각을 했어. → 정답 : time
(6) 그건 한국에서 누구나 아는 이름이야. → 정답 : name
(7) 네 앞에 몇 사람이나 줄 서 있어? → 정답 : front
(8) 짐은 생각에 잠겨 있어. → 정답 : lost
(9) (그게) 내 얼굴에 쓰여 있어? → 정답 : show
(10) 나 출장 중이야.

C. 알맞은 표현으로 다음 각 대화문을 완성해보세요.

(1) A: 여기 출장차 오신 건가요? → 정답 : on
    B: 아뇨. 휴가로 온 거예요.

(2) A: 걘 진짜 눈엣가시야. → 정답 : 둘 다 in
    B: 쟤 눈엣가시인 건 모든 사람이 공감하는 바야.

(3) A: 내가 오늘 회사에 너 데리러 가야 해? → 정답 : at
    B: 응, 그래 주면 좋지. 내 차가 아직 정비소에 있거든.

Check This Out

1) 위치 표현 시 "at"은 특정 "지점"을, "in"은 3차원 "공간"의 "안"을, "on"은 2차원적인 "면"에 "접해 있는" 장소나 위치를 말할 때 사용해요. 이는 시간 표현 시에도 그대로 적용되어, "at"은 "시점"을, "in"은 그보다 긴 "기간"을, "on"은 특정 날짜나 기간에 "접한" 특정 행사를 말할 때 사용되죠.

2) "앞"이나 "뒤"도 "앞에 있는 공간", "뒤에 있는 공간"이라고 볼 수 있기 때문에 "in"을 써서 각각 "in front of", "in back of"라고 표현해요. 단, "~ 뒤에"라고 말할 때는 "in back of"보다 "behind"가 훨씬 일반적으로 사용되죠.
    ex) Stand behind me in line. 내 뒤에 줄 서.
    ex) It's in the back of the cupboard, behind the canned food.
        (그건) 찬장 뒤쪽에, 통조림 뒤에 있어.

It's getting near bedtime.

이제 슬슬 잠잘 시간이 돼 가.

Gotta Know

A. Let's look at the examples and change the sentences accordingly.

ex1) There's a gas station around here.
→ There's a gas station near here.
→ There's a gas station nearby.
→ There's a gas station close by (here).

(1) I parked my car around here. → _____.
→ _____.
→ _____.

(2) She lives around here. → _____.
→ _____.
→ _____.

ex2) My office is near the mall. → My office is close to the mall.

(3) I live in a studio near the bank. → _____.
(4) Isn't it near Thailand? → _____?
(5) It's getting near bedtime. → _____.

B. Use the *Cheat Box* to fill in the blanks.

(1) She came in near the beginning.
(2) I'll be there near the _____.
(3) I was brought near to _____.
(4) They came close to _____.
(5) Let's play this close to the _____.
(6) He's a fun guy to be around.

Cheat Box	
end	tears
chest	winning

Gotta Remember

C. Complete the dialogues. (Some answers may vary.)

(1) A: When will I see you again?
B: You'll see me sometime _____ Christmas.

(2) A: Where is it you're taking me?
B: It's a surprise. It's not too far.
It's actually _____ here.

A. 보기를 참고로 하여 주어진 문장들을 바꿔봅시다.

ex1) 이 근처에 주유소가 하나 있어.

(1) 난 차를 이 근처에 주차했어. → 정답 : I parked my car near here.
I parked my car nearby.
I parked my car close by (here).

(2) 걘 이 근처에 살아. → 정답 : She lives near here.
She lives nearby.
She lives close by (here).

ex2) 내 사무실은 쇼핑센터 근처에 있어.

(3) 난 은행 근처에 있는 원룸에 살아. → 정답 : I live in a studio close to the bank.
(4) (거기) 태국과 가깝지 않아? → 정답 : Isn't it close to Thailand?
(5) 이제 슬슬 잠잘 시간이 돼 가. → 정답 : It's getting close to bedtime.

B. Cheat Box 속 표현들로 빈칸을 채워보세요.

(1) 걘 시작할 때쯤 왔어.
(2) 난 끝날 무렵에 거기 도착할 거야. → 정답 : end
(3) 난 울음을 터뜨릴 뻔했어. → 정답 : tears
(4) 걔넨 거의 이길 뻔했어. → 정답 : winning
(5) 이건 신중히 하자. / 이건 비밀로 하자. → 정답 : chest
(6) 걘 같이 있으면 재미있는 녀석이야.

C. 알맞은 표현으로 다음 각 대화문을 완성해보세요. (일부 정답은 응답자에 따라 다를 수 있음)

(1) A: 또 언제 보지? → 정답 : near
B: 크리스마스 즈음에 보게 될 거야.

(2) A: 너 지금 날 어디로 데려가는 거야? → 정답 : close by
B: 깜짝 놀랄만한 곳. 그리 멀지 않아. 사실 이 근처야.

Check This Out

1) "near (to)"은 "~ 가까이에"라는 뜻으로, "close to"나 "close by"와 같은 뜻이에요. 미국에서는 대부분 "near"이라고 표현하는 반면, 영국에서는 "near to"라고 표현하는 경우도 많죠.

2) "close to"는 "almost(거의)"라는 뜻으로도 쓰이는데, 이때는 "near"이 아니라 "nearly"로 바꿔서 표현할 수 있어요.
ex) I spent close to five hours on this. = I spent nearly five hours on this.
난 이거 하느라고 다섯 시간 가까이 시간을 보냈어.

3) "come close to"라고 하면 "~에 가까이 오다"라는 의미에서 "~할 뻔하다"라는 뜻이 돼요.
ex) She came close to losing her job. 걘 직장을 잃을 뻔했어.

Gotta Know

A. Let's look at the example and change the sentences accordingly.

ex) I've just **had** dinner. → I just **had** dinner.

(1) I've just seen him outside. → _____.
(2) I've just talked to her on the phone. → _____.
(3) I've just met her. → _____.
(4) I've just come back. → _____.

B. Use the *Cheat Box* to fill in the blanks.

(1) I've _____ my mind.

(2) I've already tried that.

(3) I haven't _____ what to buy yet.

(4) I've just _____ my report.

(5) You haven't changed a bit.

(6) He hasn't _____ yet. He should be here any minute now.

(7) Have you had dinner yet?

(8) Have you _____ an appointment?

(9) Have you talked to her yet?

(10) Has it _____ raining outside?

Cheat Box
made
arrived
changed
decided
stopped
finished

Gotta Remember

C. Complete the dialogues. (Some answers may vary.)

(1) A: I haven't _____ yet.
     B: Good. Then let's go out to dinner together.

(2) A: Nothing's been _____ yet.
     B: Good. You shouldn't rush that kind of decision.

(3) A: Have you _____ her yet?
     B: Not yet. I'm waiting for the right moment.
     A: Strike while the iron's hot, man!

A. 보기를 참고로 하여 주어진 문장들을 바꿔봅시다.

ex) 나 방금 저녁 먹었어.

(1) 나 방금 밖에서 걔 봤어. → 정답 : I just saw him outside.
(2) 나 방금 걔랑 통화했어. → 정답 : I just talked to her on the phone.
(3) 나 방금 걔 만났어. → 정답 : I just met her.
(4) 나 방금 돌아왔어. → 정답 : I just came back.

B. Cheat Box 속 표현들로 빈칸을 채워보세요.

(1) 나 마음 바뀌었어. / 나 생각 바꿨어. → 정답 : changed
(2) 나 그거 벌써 먹어봤어. / 나 그거 이미 시도해봤어.
(3) 나 아직 뭐 살지 결정 못 했어. → 정답 : decided
(4) 나 방금 리포트 끝냈어. → 정답 : finished
(5) 넌 하나도 변한 게 없네.
(6) 걘 아직 도착 안 했어. 곧 올 거야. → 정답 : arrived
(7) 너 저녁 먹었어?
(8) (만나기로) 약속하셨나요? → 정답 : made
(9) 너 걔랑 통화했어? / 너 걔랑 이야기했어?
(10) 밖에 비 그쳤어? → 정답 : stopped

C. 알맞은 표현으로 다음 각 대화문을 완성해보세요. (일부 정답은 응답자에 따라 다를 수 있음)

(1) A: 나 아직 저녁 안 먹었어. → 정답 : had dinner
    B: 잘됐네. 그럼 같이 저녁 먹으러 나가자.

(2) A: 아직 결정된 건 아무것도 없어. → 정답 : decided
    B: 좋아. 그런 결정은 서두르면 안 돼.

(3) A: 너 걔랑 이야기했어? → 정답 : talked to
    B: 아직 못 했어. 적절한 때를 기다리는 중이야.
    A: 짜샤, 쇠뿔도 단김에 빼라는 말이 있잖아!

Check This Out

1) "have p.p."와 같은 형태를 문법적으로 "현재완료"라고 해요. 현재완료는 크게 4가지 뜻으로 쓰이는데, 이번 과에서 소개한 표현들은 그중 **완료**에 해당하는 표현들이랍니다. 이는 과거의 어느 시점에 시작된 어떤 행동이 지금에 이르러 완료됐다고 말할 때 사용해요. 주로, "끝내다", "도착하다" 등 뭔가 완료되는 행동을 묘사하는 동사들이 현재완료 형태로 표현될 때 이런 의미가 되죠. 대부분 "막 ~했다", "방금 ~했다"라고 해석되기 때문에 단순과거 시제와 의미가 유사하며, 주로 "just", "already", "yet", "now" 등의 부사와 함께 사용되는 경우가 많아요. 참고로, 미국영어에서는 대화 시 무언가가 완료됐다고 말할 때 현재완료 시제가 아닌 단순 과거 시제로 표현하는 경우가 더 많아요.

2) "yet"은 "so far"나 "up till now" 정도의 의미로, **과거의 어느 시점부터 지금까지**라는 뜻이며, 이로 인해 부정문에서는 "(과거의 어느 시점부터) 지금까지도"라는 의미가 되어 "아직"이라는 뜻을 갖게 된 것이에요. 반면, 긍정문에서는 완료 시제의 의미를 강조해주는 역할을 하게 되는데, 이때는 그냥 번역 시 제외하고 번역하면 돼요.

Have you seen him recently?
(너) 최근에 걔 본 적 있어?

Gotta Know

A. Let's practice the dialogues using the given information.

> A: Have you <u>thought</u> about studying abroad?
> B: <u>Yeah, I have.</u>
>   / <u>No, I haven't.</u>

> ① meet Daniel in person / no

> ② try this dish / yes

> A: Have you ever been to <u>Marcy's house</u>?
> B: <u>No, I've never been there.</u>
>   / <u>Yes, I've been there once.</u>

> ③ that new restaurant / a couple of times

> ④ a costume party / never

B. Complete the dialogues with the expressions in the box.

> be here   cheat in this class
> read this   check into a hospital

(1) A: Have you ever _____?
    B: Yeah, when I broke my leg.

(2) A: Have you ever _____?
    B: What? Of course not! Have you?

(3) A: Have you _____ before?
    B: Yeah, I have. It's actually my favorite book.

(4) A: Have you ever _____ before?
    B: Several times. This Prime T-bone steak is
       my favorite thing here.

Gotta Remember

C. Answer the question below.

Q: Have you ever been to America?
A: _____.

A. 주어진 정보를 이용해 다음 대화문들을 연습해봅시다.

A: 너 유학 가는 거 생각해본 적 있어?
B: 응. / 아니.

① 대니얼을 직접 만나다 / 아니
② 이 음식을 먹어보다 / 응

A: 너 마시네 집에 가본 적 있어?
B: 아니, 거긴 한 번도 못 가봤어. / 응, 거기 한 번 가봤어.

③ 저 새 음식점 / 두세 번
④ 분장 파티 / 한 번도 없는

B. 상자 속 표현들을 이용해 다음 각 대화문을 완성해보세요.

be here 여기 오다   cheat in this class   이 수업에서 부정행위를 하다
read this 이것을 읽다   check into a hospital   병원에 입원하다

(1) A: 너 병원에 입원해본 적 있어?   → 정답 : checked into a hospital
    B: 응, 다리 부러졌을 때.

(2) A: 너 이 수업 시간에 컨닝한 적 있어?   → 정답 : cheated in this class
    B: 뭐라고? 당연히 없지! 넌 있어?

(3) A: 너 전에 이거 읽어봤어?   → 정답 : read this
    B: 응. 사실 내가 제일 좋아하는 책이야.

(4) A: 너 전에 여기 와본 적 있어?   → 정답 : been here
    B: 몇 번. 이 프라임 티본 스테이크가
       여기서 내가 제일 좋아하는 메뉴야.

C. 다음 응답은 참고용입니다. 질문에 자유롭게 응답해보세요.

Q: Have you ever been to America?
A: Never, but I'd like to go there or even live there for a while someday.

Q: 당신은 미국에 가본 적 있나요?
A: 한 번도 없지만, 언젠가 한 번 가보거나, 얼마간 거기서 살아보기라도 할 수 있으면 좋겠어요.

Check This Out

1) 이번 과에서 소개한 표현들은 현재완료의 4가지 의미 중 "**경험**"에 해당하는 것들이에요. "ever", "never", "before" 등과 같은 부사가 동반되는 경우가 많으며, 주로 "~한 적 있다", "~해봤다", "(한 번도) ~해본 적 없다", "(한 번도) ~ 못 해봤다" 등으로 해석되죠.

2) 어딘가에 가본 경험을 이야기할 때는 "have gone to ..."라고 표현하지 않고 "have been to ..."라고 표현해요. 단어 그대로 번역하자면 "**어딘가에 있어 본 적이 있다.**"라는 뜻이죠. "have gone to ..."는 "어딘가로 간 상태가 지금까지 이어지고 있다.", 즉 "어딘가로 가버렸다. (그래서 여기 없다.)"라는 의미가 되는데, 이것이 바로 현재완료의 4가지 의미 중 "**결과**"에 해당한답니다. 단, 현재완료가 "**결과**"의 의미로 사용되는 경우는 그리 많지 않아요. 참고로, "have been to ..."는 무조건 "**경험**", "have gone to ..."는 무조건 "**결과**"의 의미로만 쓰여요.
   ex) I've been to Boston once.   난 보스턴에 한 번 가봤어.
   ex) He's gone to work.   걘 일하러 갔어. (→ "그래서 지금 여기 없다"는 의미)

Gotta Know

A. Let's practice the dialogues. Replace the underlined phrases with the ones in the *Ready-to-Use Box*.

(1) A: <u>Can you tell me the way to</u> the subway station?
B: Just keep going straight.

(2) A: <u>Do you know how to get to</u> the Bank of America?
B: It's two blocks down that way.

Ready-to-Use Box

Can you tell me how to get to ...?
Can you give me directions to ...?
How do I get to ...?
Can you show me how to get to ...?
Can you direct me to ...?

B. Use the *Cheat Box* to fill in the blanks.

(1) It's about five blocks _____.
(2) Right down the street. You'll see one 100 meters ahead.
(3) Take a right _____ that stop light.
(4) You _____ a left at the end of this street.
(5) Keep walking. Then _____ right.
(6) Keep going straight _____ you see West High School.
(7) If you _____ going straight, you'll see a huge yellow building.
(8) There's one two blocks _____ that way.
(9) Go down that way.
(10) If you go down that way for a minute or two, you'll see one.
(11) I'm heading there right now, so just _____ me.
(12) Sorry, I have no _____.

Cheat Box

at
away
down
idea
keep
take
turn
until
follow

Gotta Remember

C. Remember what we have learned today? Complete the dialogue.

A: Can you tell me how to get to
_____?
B: _____
_____
_____.

←—100m—→ ←—100m—→ ←—100m—→

Bookworm's Bookstore

First Bank

100m

J's Coffee Shop

100m

← You're here.

A. Ready-to-Use Box 속 표현들로 밑줄 부분을 바꿔가며 대화문들을 연습해봅시다.

(1) A: 지하철역까지 가는 길 좀 알려줄래요?
    B: 그냥 계속 쭉 가세요.

(2) A: 아메리카 은행에 어떻게 가는지 아세요?
    B: 저쪽으로 두 블럭 내려가시면 있어요.

Can you tell me how to get to …?	~에 어떻게 가는지 좀 알려줄래요?
Can you give me directions to …?	~에 가는 길 좀 알려줄래요?
How do I get to …?	~에 어떻게 가요?
Can you show me how to get to …?	~에 어떻게 가는지 좀 알려줄래요?
Can you direct me to …?	~에 가는 길 좀 알려줄래요?

B. 다음은 길을 알려줄 때 사용되는 유용한 표현들입니다. Cheat Box 속 표현들로 빈칸을 채워 보세요.

(1) (그건) 다섯 블럭 정도 떨어져 있어요. → 정답 : away
(2) 길 따라 내려가면 바로 있어요. 100미터 전방에 하나 보일 거예요.
(3) 저 신호등에서 우회전하세요. → 정답 : at
(4) 이 길 끝에서 좌회전하세요. → 정답 : take
(5) 계속 걸어가다가 우회전하세요. → 정답 : turn
(6) 웨스트 고등학교가 보일 때까지 계속 쭉 가세요. → 정답 : until
(7) 계속 쭉 가다 보면 커다란 노란색 건물이 하나 보일 거예요. → 정답 : keep
(8) 저쪽으로 두 블럭 내려가면 하나 있어요. → 정답 : down
(9) 저쪽 길로 내려가세요.
(10) 저쪽으로 1~2분 내려가다 보면 하나 보일 거예요.
(11) 저도 지금 거기 가는 길이니 저를 따라오세요. → 정답 : follow
(12) 죄송하지만, 전 모르겠네요. → 정답 : idea

C. 다음 대화문은 참고용입니다. 오늘 학습한 내용을 바탕으로 자유롭게 대화를 나눠보세요.

A: Can you tell me how to get to <u>Bookworm's Bookstore</u>?
B: <u>Take the third road on the left and you'll see it on the left.</u>

A: 책벌레 서점 가는 길 좀 알려줄래요?
B: 세 번째 길에서 왼쪽으로 가면 왼편에 보일 거예요.

Check This Out

1) 이번 과에서 소개한 길 묻는 표현 중 "**Can you …?**"로 시작하는 표현들은 모두 "**Can you please …?**"처럼 "**please**"를 더해 좀 더 공손한 표현으로 바꿀 수 있어요.

2) "**길을 묻다**"라고 말할 때는 "**ask for directions**"라고 표현하고, 반대로 "**길을 알려주다**" 라고 말할 때는 "**give directions**"라고 표현해요. 이때 "**direction**"은 항상 복수로 표현 하죠.

   ex) Let's ask for directions.   길 물어보자.
   ex) I'm terrible at giving directions.   난 길 가르쳐 주는 덴 영 소질이 없어.

Gotta Know

A. Let's look at the example and complete the dialogues using the given information.

> ex) High Street / $24 / $30

> ① the Grand Hotel / $42 / $50
> ② O'Hare airport / $60 / $70

A: So, where do you want to go?
B: I'd like to go to <u>High Street</u>.

A: Where're you heading?
B: Take me to _____, please.

A: Here's your destination.
B: How much do I owe you?
A: The fare comes to <u>24 dollars</u>.
B: Here's <u>30</u>.
　　You can keep the change.
A: Thank you.

A: Here you go.
B: How much is the fare?
A: It's _____.
B: Here's _____.
A: Out of _____? Here's your change.
B: Thanks for the ride.

B. Use the *Cheat Box* to fill in the blanks.

(1) I want a taxi to _____ me up outside of West Town Mall.
(2) How long is the _____ for a taxi right now?
(3) Do you mind making a quick _____ over there?
(4) Don't make a _____.
(5) Keep the _____ running. I'll be right back.
(6) How much will it cost to get me there?
(7) I can't walk anymore. Let's just take a taxi.
(8) Can you call me a cab? (= Can you call a taxi for me?)
(9) Can I _____ a cab to the airport?
(10) It's too far to walk. Do you want to catch a cab?
(11) Could you _____ a taxi?
(12) Picking up a taxi at _____ hour is almost impossible.

Cheat Box

get	stop
grab	wait
pick	meter
rush	detour

Gotta Remember

C. Answer the question below.

Q: What's the taxi pickup fee in your city?
A: _____.

A. 보기를 참고로 하여 우측 대화문들을 완성해봅시다.

> ex) 하이 스트릿 / 24달러 / 30달러

> ① 그랜드 호텔 / 42달러 / 50달러
> ② 오헤어 공항 / 60달러 / 70달러

⬇

A: 자, 어디로 갈까요?
B: 하이 스트릿으로 부탁해요.

⬇

A: 어디로 갈까요?
B: ~(으)로 가주세요.

A: 목적지에 다 왔습니다.
B: 얼마 드려야 하죠?
A: 요금은 24달러 나왔습니다.
B: 여기 30달러요. 잔돈은 가지세요.
A: 고맙습니다.

A: 다 왔습니다.
B: 요금이 얼마죠?
A: ~예요.
B: 여기 ~요.
A: ~ 받았습니다. 여기, 거스름돈요.
B: 태워주셔서 감사해요.

B. Cheat Box 속 표현들로 빈칸을 채워보세요.

(1) 웨스트 타운 몰 바깥에서 저 픽업할 택시 한 대 부탁해요. → 정답 : pick
(2) 지금 택시 타려면 얼마나 기다려야 해? → 정답 : wait
(3) 저기서 잠깐만 세워주실래요? → 정답 : stop
(4) 멀리 돌아가지 마세요. → 정답 : detour
(5) 미터기 끄지 말고 있으세요. 금방 돌아올게요. → 정답 : meter
(6) 거기까진 요금이 얼마나 나올까요?
(7) 난 더는 못 걷겠어. 그냥 택시 타자.
(8) 택시 좀 불러줄래? / [호텔에서] 택시 좀 불러주실래요?
(9) 공항까지 가는 택시 좀 불러줄래요? → 정답 : get
(10) (거긴) 걸어가기엔 너무 먼데. 택시 잡아타고 갈래?
(11) 택시 좀 잡아줄래요? → 정답 : grab
(12) 통근 시간대에 택시 잡기란 하늘의 별 따기야. → 정답 : rush

C. 다음 응답은 참고용입니다. 질문에 자유롭게 응답해보세요.

Q: What's the taxi pickup fee in your city?
A: I'm not sure exactly, but I think it's around $2.50.

Q: 당신이 사는 도시에서는 택시 기본요금이 얼마인가요?
A: 정확히는 잘 모르겠는데, 2달러 50센트 정도일 거예요.

Check This Out

1) 택시를 타서 목적지를 말할 때는 다음과 같이 표현하기도 해요.
   • I'm going to the Chicago Art Museum.   시카고 미술관으로 가주세요.
   • Can you take me to the airport?   공항까지 좀 데려다주실래요?
2) 미국에서는 택시를 이용할 때 이용 요금 외에도 "팁(tip)"을 추가로 줘요. 지역마다 차이가 있긴 하지만, 보통 이용 요금의 10~15% 범위 내에서 주죠. 거기에다가, 가방을 들어주면 고마움의 표시로 1~2달러의 팁을 추가로 준답니다.

138 You'd better be right.

(너) 틀리기만 해봐. / (너) 틀리면 재미없을 줄 알아.

Gotta Know

A. Let's look at the examples and change the sentences accordingly.

ex1) You should give up smoking. → You'd better give up smoking.
ex2) You shouldn't be late this time. → You'd better not be late this time.

(1) You should get used to it. → _____ .
(2) You shouldn't lie to me. → _____ .
(3) You should tell him fast. → _____ .
(4) You shouldn't come home late. → _____ .

B. Let's match each sentence on the left with the appropriate response on the right.

A1) Take the bus. You won't be late. •   • B1) I'd rather stay home.
A2) Let's go see a movie. •   • B2) I'd rather do it myself.
A3) Be honest with me. Why? •   • B3) I'd rather take a taxi.
A4) How about we do it together? •   • B4) I'd rather not answer that.

Gotta Remember

C. Complete the dialogues.

(1) A: I'm late for my date.
    B: _____ come up with a good excuse.

(2) A: Do you wanna go see a movie or something?
    B: In this weather?
       Nope. _____ stay home.

(3) A: _____ get ready to go to school.
    B: Is it time already?

A. 보기를 참고로 하여 주어진 문장들을 바꿔봅시다.

ex1) 담배 끊도록 해. → (너) 담배 끊는 게 좋을 거야.
ex2) 이번엔 늦지 않도록 해. → (너) 이번엔 안 늦는 게 좋을 거야.

(1) (거기에) 익숙해지도록 해. → 정답 : You'd better get used to it.
(너) (거기에) 익숙해지는 게 좋을 거야.

(2) 나한테 거짓말하지 않도록 해. → 정답 : You'd better not lie to me.
(너) 나한테 거짓말 안 하는 게 좋을 거야.

(3) 걔한테 빨리 말하도록 해. → 정답 : You'd better tell him fast.
(너) 걔한테 빨리 말하는 게 좋을 거야.

(4) 집에 늦게 오지 않도록 해. → 정답 : You'd better not come home late.
(너) 집에 늦게 오지 않는 게 좋을 거야.

B. 이어질 알맞은 응답을 찾아 각 대화문을 완성해봅시다.

A1) 버스 타. 안 늦을 거야. → 정답 : B3) 난 그냥 택시 탈래.
A2) 영화 보러 가자. → 정답 : B1) 난 그냥 집에 있을래.
A3) 나한테 솔직히 말해봐. 이유가 뭐야? → 정답 : B4) 그냥 그건 대답 안 할래.
A4) 우리 (그거) 같이 하는 게 어때? → 정답 : B2) 그냥 (그건) 내가 직접 하는 게 좋겠어.

C. 알맞은 표현으로 다음 각 대화문을 완성해보세요.

(1) A: 나 데이트 시간에 늦었어. → 정답 : You'd better
  B: 좋은 핑곗거리 하나 생각해 놓는 게 좋을 거야.

(2) A: 영화 보러 가거나 할래? → 정답 : I'd rather
  B: 이 날씨에? 아니. 난 그냥 집에 있을래.

(3) A: 학교 갈 준비하는 게 좋겠어. → 정답 : I'd better
  B: 벌써 시간이 그렇게 됐어?

Check This Out

1) "You'd better ..."은 "You had better ..."을 줄인 표현으로, "(너) ~하는 게 좋을 거야.", "(너) ~하는 게 좋겠어."라는 뜻이에요. 얼핏 들어서는 제안하는 것처럼 들리지만, 사실은 "안 그랬다간 알아서 해.", "안 하면 재미없을 줄 알아."처럼 살짝 협박이 깔린 강한 표현이죠. 이보다 어감이 약한 표현으로는 "You'd best ..."도 있는데, 이는 협박의 의미는 거의 없고, 그냥 제안하는 표현에 가까워요.

ex) You'd best buy a new jacket. 너 재킷 새로 사는 게 좋겠어.

2) "I'd rather ..."은 "I would rather ..."을 줄인 표현으로, 이 역시 "~하는 게 좋겠어."라고 번역될 때가 있어서 "I'd better ..."과 종종 헷갈리는 표현이에요. 정확히 말하면 "I'd rather ..."은 "차라리 ~하는 게 낫겠어.", "그냥 ~할래."라는 뜻으로, 딱히 마음에 드는 선택 사항이 없을 때 마지못해 다른 무언가를 선택하는 표현이랍니다.

ex) I'd rather eat at home than go get fast food.
난 패스트푸드 먹으러 가느니 차라리 집에서 먹을래.

139 That's the word I'm looking for.

내가 말하려는 단어가 바로 그거야.

Gotta Know

A. Let's look at the example and complete the sentences accordingly.

ex) I really hate the flavor. → This is the flavor **(that)** I really hate.

(1) I saw the kids earlier. → Where are _____?

(2) I like this song the most. → This is _____.

(3) You were talking to the guy. → Who is _____?

B. Let's circle the correct answers.

(1) That guy is the one (who / which) I went to high school with.

(2) Is that the man **for** (who / whom) you're working?

(3) Is she the one (which / that) you were talking about?

(4) I got rid of the car (that / what) I bought last year.

(5) This is the burger place (where / that) everyone is talking about.

Gotta Remember

C. Complete the sentences. (Answers may vary.)

(1) He's the one _____.

(2) Isn't it Georgia _____?

(3) That's all _____.

D. Complete the dialogues. (Answers may vary.)

(1) A: 500 dollars? Is that the best _____?
     Can't you go any lower?
   B: Sorry, I can't.

(2) A: Is he the one _____?
   B: Yes, he is. He's so cute, isn't he?

(3) A: Is that the new cell phone
     _____?
   B: Looks cool, right?
   A: It sure does.

A. 보기를 참고로 하여 주어진 문장들을 바꿔봅시다.

ex) 난 그 맛을 정말 싫어해.　　　→ 이건 내가 정말 싫어하는 맛이야.

(1) 난 그 아이들을 좀 전에 봤어.　　→ 정답 : Where are <u>the kids (that) I saw earlier</u>?
　　　　　　　　　　　　　　　　내가 좀 전에 봤던 아이들은 어디 있지?

(2) 난 이 노래를 가장 좋아해.　　　→ 정답 : This is <u>the song (that) I like the most</u>.
　　　　　　　　　　　　　　　　이게 내가 가장 좋아하는 노래야.

(3) 넌 그 남자와 이야기하고 있었어. → 정답 : Who is <u>the guy (that) you were talking to</u>?
　　　　　　　　　　　　　　　　네가 이야기 나누던 남자는 누구야?

B. 괄호 속 표현 중 각 문장에 올바른 것을 골라봅시다.

(1) 저 녀석이 나랑 고등학교 같이 다닌 놈이야.　　　→ 정답 : who
(2) 저분이 네가 모시는 분이야? / 너 저분 밑에서 일해? → 정답 : whom
(3) 네가 말하던 애가 쟤야?　　　　　　　　　　　　→ 정답 : that
(4) 나 작년에 산 차 처분해버렸어.　　　　　　　　　→ 정답 : that
(5) 여기가 소문이 자자한 그 버거집이야.　　　　　　→ 정답 : that

C. 다음 문장들은 참고용입니다. 각 문장을 자유롭게 완성해보세요.

(1) He's the one <u>I used to like</u>.　　　쟨 한때 내가 좋아했던 애야.
(2) Isn't it Georgia <u>he's talking to</u>?　쟤 지금 이야기 나누고 있는 사람 조지아 아니야?
(3) That's all <u>you need to know</u>.　　넌 그것만 알면 돼.

D. 알맞은 표현으로 다음 각 대화문을 완성해보세요. (정답은 응답자에 따라 다를 수 있음)

(1) A: 500달러요? 그게 최대로 해주실 수 있는　→ 정답 : you can do
　　　건가요? 더 낮춰주실 순 없나요?
　　B: 죄송하지만, 안 돼요.

(2) A: 네가 말하던 애가 쟤야?　　　　　　　　→ 정답 : you were talking about
　　B: 응, 맞아. 정말 귀엽지 않냐?

(3) A: 그게 네가 어제 산 새 휴대폰이야?　　　→ 정답 : you bought yesterday
　　B: 멋지지, 그치?
　　A: 진짜 멋지네.

Check This Out

1) 영어에서는 어떤 명사를 언급해놓고 그 명사에 관해 설명이 조금 더 필요한 경우 말을
덧붙이기도 하는데, 이때 "**관계대명사**"라는 것이 사용돼요. "**This is** the flavor **I really
hate.**"에서 "**I really hate**"은 바로 앞에 있는 "**the flavor**"을 좀 더 구체적으로 설명해
주며, 그 자체는 목적어가 없는 불완전한 문장이에요. 이때 "**I really hate**" 앞에는 "**which**"
또는 "**that**"이 생략된 것인데, 이러한 것들을 "**관계대명사**"라고 하며, "**관계대명사**"가
이끄는 불완전한 문장을 "**관계대명사절**"이라고 하죠. 이번 과에서는 목적어가 없는 관계
대명사절만 소개하고 있는데, 이러한 절을 이끄는 관계대명사(목적격 관계대명사)는 대화 시
주로 생략하고 말해요. 참고로, "**꾸밈을 받는 명사**"는 짧게 "**선행사**"라고 하며, 선행사가
사람인 경우에는 목적격 관계대명사로 "**who**"나 "**whom**" 또는 "**that**"을 사용해요.

140 I don't know what this is about.

지금 어떤 내용 관련해서 얘기하는 건지 모르겠네.

Gotta Know

A. Let's look at the example and change the long and awkward sentences into shorter, simpler ones.

ex) This is not the thing that I wanted. → This isn't what I wanted.

(1) I know the thing that you are trying to say. → _____.

(2) Did you not hear the thing that I just said? → _____?

(3) That is the thing that is important. → _____.

(4) The thing that you did was wrong. → _____.

B. Use the *Cheat Box* to fill in the blanks.

(1) Say what you came here to _____.

(2) I meant what I said.

(3) I didn't _____ what I said.

(4) I know what I said.

(5) I _____ what you mean.

(6) Is this what you _____ "good?"

(7) That's what I'm saying. (≈ That's what I'm _____ about.)

(8) That's what I heard.

(9) That's not what I said.

(10) That's not what I meant.

(11) That's what you get _____ not listening to me.

Cheat Box	
for	know
say	mean
call	talking

Gotta Remember

C. Complete the dialogues. (Some answers may vary.)

(1) A: Are you saying that I'm wrong?
B: That's what _____.

(2) A: What do you mean by that?
B: You know exactly what _____.

(3) A: That's what _____ for not listening to me.
B: You're right. I'll do as you say from now on.

A. 보기를 참고로 하여 길고 어색한 문장들을 짧고 간단한 문장으로 바꿔봅시다.

ex) 이건 내가 원한 게 아니야.

(1) (난) 네가 무슨 말을 하려는 건지 알아. → 정답 : I know what you're trying to say.
(2) 너 내가 방금 말한 거 못 들었어? → 정답 : Didn't you hear what I just said?
(3) 그게 중요한 거야. → 정답 : That's what's important.
(4) 네가 한 짓은 잘못된 거였어. → 정답 : What you did was wrong.

B. Cheat Box 속 표현들로 빈칸을 채워보세요.

(1) 무슨 할 말이 있어서 여기 왔는지 말해. → 정답 : say
(2) 난 빈말로 한 얘기 아니야. / 난 그 말 진심이었어.
(3) 내가 한 말은 진심이 아니었어. / 난 진심으로 한 얘기가 아니었어. → 정답 : mean
(4) 나도 내가 무슨 말을 했는진 알아. / 나 확실히 그 말 했거든.
(5) (난) 네 말이 무슨 뜻인지 알아. / (나도) 네 심정 알아. → 정답 : know
(6) 너 지금 이걸 좋다고 하는 거야? → 정답 : call
(7) 내 말이 그 말이야. / 내 말이. / 그러게. → 정답 : talking
(8) 그렇다고 들었어. / 내가 듣기론 그래.
(9) 난 그렇게 말하지 않았어. / 내가 말한 건 그게 아니야.
(10) 내 말은 그게 아니야.
(11) 내 말을 안 들으니까 그런 거야. → 정답 : for

C. 알맞은 표현으로 다음 각 대화문을 완성해보세요. (일부 정답은 응답자에 따라 다를 수 있음)

(1) A: 넌 지금 내 말이 틀렸다는 거야? → 정답 : I'm saying
   B: 내 말이 그 말이야.

(2) A: 그게 무슨 말이야? → 정답 : I mean
   B: 내가 무슨 말 하는지 잘 알잖아.

(3) A: 내 말대로 안 하더니 꼴좋다. → 정답 : you get
   B: 그러게. 앞으론 네 말대로 할게.

Check This Out

1) 관계대명사 중에는 "what"이라는 것도 있는데, 이는 "the thing that ... (~한 것)"이라는 의미로, 이미 그 속에 선행사(꾸밈을 받는 명사)를 포함하고 있기 때문에 앞에 별도의 선행사가 등장하지 않아요. 참고로, 이번 과에서 소개한 문장들은 대부분 "the thing that"으로 표현하면 어색해져요. 굳이 짧은 표현이 있는데 일부러 늘려서 말할 필요는 없겠죠?

2) 관계대명사 "what"을 활용한 유용한 속담에는 다음과 같은 것들이 있어요.

   • You reap what you sow.   뿌린 대로 거둔다.
   • What is done cannot be undone. 엎질러진 물이다.
                                     (이미 저지른 일은 되돌릴 수 없다.)